CHRÉTIENS
ET
HOMMES CÉLÈBRES
AU XIXᵉ SIÈCLE

3ᵉ SÉRIE IN-8°

PROPRIÉTÉ DES ÉDITEURS

CHRÉTIENS
ET
HOMMES CÉLÈBRES
AU XIXe SIÈCLE

PAR

L'ABBÉ A. BARAUD

DEUXIÈME SÉRIE

TOURS

ALFRED MAME ET FILS, ÉDITEURS

M DCCC XCII

AU LECTEUR

Cette seconde série d'études sur les hommes célèbres de notre siècle, qui ont vécu ou sont morts en chrétien, présente un puissant attrait pour quiconque aime à étudier dans les âmes l'action de la grâce divine.

On y trouve également comme une nouvelle preuve, et non la moins éclatante, de l'existence de Dieu. Aussi, chaque fois qu'il se trouve en présence d'une conversion subite, l'esprit le plus prévenu comme le plus chrétien est obligé de convenir que *Dieu est là*.

Ce livre est destiné surtout à la jeunesse de nos écoles chrétiennes. En le lisant, les jeunes gens « verront avec une sainte joie, comme l'écrivait à l'auteur Mgr l'évêque de Nantes, des cœurs d'élite, des esprits supérieurs apporter à nos croyances l'hommage de la science et de la vertu ».

Ils apprendront que tout ce qui est grand et noble participe de la religion de Jésus-Christ, et retrouveront là des exemples de discipline et de travail qui garantissent le succès dans le monde, comme des modèles des œuvres les plus saintes qui font le mérite devant Dieu.

Puissent ces pages fortifier dans leurs convictions ceux qui ont le bonheur de croire! C'est le vœu de l'auteur.

A. B.

CHRÉTIENS
ET
HOMMES CÉLÈBRES
AU XIXᵉ SIÈCLE

DROZ
LITTÉRATEUR, PHILOSOPHE, DE L'ACADÉMIE FRANÇAISE

(1773-1850)

> « Je suis un exemple de ces retours commencés de très loin et bien lents à s'accomplir. C'est la raison qui m'a conduit à la religion. » (J. Droz.)

Si Joseph Droz appartient à la fois au siècle dernier et au siècle présent, il appartient bien plutôt au siècle d'aujourd'hui, dont il a vécu cinquante ans de sa vie d'homme fait et intelligent.

Né à Besançon (Doubs) le 31 octobre 1773, il avait eu le bonheur de trouver la foi dans son berceau. Son père était un de ces hommes de principes qui ont pris pour règle de leur religion : « Un chrétien doit être premièrement et superlativement un honnête homme. »

Le cœur du jeune Droz était affectueux et porté à

une religion d'amour; « on lui en donna une autre, la religion du collège, dit M. Baunard, son panégyriste. Qui ne la connaît, cette religion universelle qui met la chapelle sur le même alignement moral que l'étude et la classe, le catéchisme sous la rubrique des cours facultatifs, les sacrements au rang des moyens disciplinaires, aujourd'hui usés et conservés seulement à l'usage des petits? Si on a voulu par là rendre la religion à charge, on y a réussi au delà de toute espérance. » « Au collège, avoue l'écolier, les pratiques religieuses me fatiguèrent; quelques-unes m'étaient pénibles, et ce fut encore pour moi une cause de fâcheuses impressions. »

Après quelques succès littéraires, Joseph Droz obtint de son père de sortir du collège et de travailler seul à faire sa philosophie. C'était laisser trop de liberté à un jeune homme de seize ans, surtout en lui donnant pour maître le *Discours sur la méthode*. Le doute méthodique de Descartes devait donner le vertige à cette jeune tête, et l'intelligence d'un enfant n'est pas capable de supporter le poids de ce doute provisoire, sous lequel le grand philosophe lui-même ne se relève qu'à force de génie et de foi.

Droz n'y résista pas. Il s'affranchit vite de ses pratiques religieuses, non pas tout d'un coup, mais peu à peu, pour ne pas froisser les sentiments de son père. « L'irréligion était à la mode, écrit-il, puis l'indifférence et l'incrédulité étaient répandues dans l'air qu'on respirait. J'entendais déclamer contre le christianisme, et, après avoir manqué de donner à mes croyances les bases solides exigées par le temps où nous vivons, je me trouvais sans défense. »

A combien d'autres ce malheur n'est-il pas arrivé?

Au sortir du collège, avec un léger bagage de science, et avec un plus léger bagage de vérités religieuses, le jeune homme est lancé dans un monde semblable à celui où vécut Droz, et où trop souvent sa vertu et sa foi font naufrage.

Toute foi périt donc en lui, excepté cependant la foi en Dieu et en l'immortalité de l'âme.

Son père s'en aperçut enfin et pleura; c'était trop tard.

Joseph Droz ne voulait pas néanmoins s'abandonner aux passions de son âge, il s'était promis de rester fidèle aux vertus de sa race. Combien d'autres ont cette prétention et n'y réussissent pas comme Droz! « Il y a de la fierté à se dire : je veux être un honnête homme pour moi seul, et je le serai. Je ne verrai pas Dieu par les prêtres, je le verrai par ma raison. Il ne me parlera pas par leurs livres, il me parlera par son ouvrage. Étant du cénacle des sages, je me consolerai sans peine de n'être pas de celui des saints, et mon Église à moi sera la grande Église des honnêtes gens de toute religion et de toute nation. »

Triste raisonnement, qui fait chaque jour des victimes du doute et de l'incrédulité.

Les temps étaient mauvais et le vent du siècle ne menait guère à Jésus-Christ. Droz venait de faire son droit; mais, revenu à Besançon, il s'enrôla par patriotisme dans les grenadiers du Doubs, et en fut élu capitaine. Ce n'était pas un soldat comme tant d'autres : il emportait ses livres sous sa tente, et étudiait ses auteurs au bivouac, comme Chateaubriand.

Une fois, son général l'envoya en mission auprès de Carnot, alors ministre de la guerre. Notre jeune soldat assista à Paris aux séances du tribunal révolutionnaire, et ce qu'il y vit le révolta et le fortifia en même temps : il vit « ces charrettes où s'entassaient l'innocence, la beauté, le talent, toutes les conditions, toutes les gloires et toutes les vertus de la France ». Il s'exerçait même, ainsi qu'il l'a raconté, à suivre le chemin de l'échafaud, dans la pensée que son tour pourrait bien venir. « J'ai vu Paris dans ces jours de deuil et de crimes... A la stupeur qui couvrait toutes les figures, on eût dit une ville désolée par une maladie contagieuse. Les vociférations et les rires de quelques cannibales interrompaient seuls le silence de mort dont on était environné. La dignité humaine n'était plus soutenue que par les victimes qui, portant un front serein sur l'échafaud, s'exilaient sans regret d'une terre déshonorée... L'état de prostration et de stupeur était tel, que si l'on avait dit à un condamné : « Tu iras dans ta maison, et là tu « attendras que la charrette passe demain pour y « monter, » il y serait allé et y serait monté. »

Sorti de l'état militaire, Droz s'était marié. Au mois d'août 1796, il fut nommé professeur à l'école centrale de Besançon, qui fut supprimée en 1803 ; alors Droz revint à Paris, qu'il ne quitta plus.

L'empire était fait. C'était l'heure où, dit M. Baunard, « la signature du Concordat allait donner le signal du départ à cette belle procession de génies catholiques en tête desquels vont marcher Chateaubriand, de Maistre, de Bonald, en attendant Lamennais et Lacordaire. Pour la gloire de Dieu et pour la science, Droz aurait pu et dû être un des ouvriers de cette résurrection. Il ne comprit pas ce grand rôle. »

Il avait bien d'autres soucis en ce moment. C'était

de se créer une bonne vie bourgeoise : « Le point essentiel en ce bas monde, écrit-il alors à son ami ordinaire, c'est de s'arranger de manière *à passer doucement sa vie.* » C'est bien la vie païenne d'Horace, non la vie d'un chrétien.

Il s'arrange donc de manière *à passer doucement sa vie ;* et, par bonheur, ses amis, sa société ordinaire, ont les mêmes goûts, à part Ducis, dont nous parlerons ailleurs, Ducis qui, lui du moins, est soli-

Droz.

dement et pratiquement chrétien. En outre, Droz cultive J.-J. Rousseau, il adore les pages de l'*Émile,* dont le manuscrit qui lui est tombé entre les mains l'a *électrisé ;* il veut collaborer avec Cabanis, le docteur de la science athée et matérialiste. Bien plus encore, la vue d'une croix lui fait peur. Écoutons-le parler :

« Dans ma jeunesse, je cherchais les sites riants ;

ils plaisaient à mes yeux, à mon imagination. Alors, si j'apercevais une croix sur le haut d'une colline ou sur le bord du sentier par lequel j'allais passer, je détournais mes regards... Un sentiment de répulsion m'agitait. »

Un jour vint cependant où, s'arrachant à la vie facile, il publia son ouvrage : *De la philosophie morale* ou *Études sur les différents systèmes de la science et de la vie*. Jusque-là il avait étudié l'art d'être heureux ; ici, il étudia l'art d'être bon. Quel est le mobile du bien ? Voilà ce qu'il cherche. On le voit, ses idées ont progressé vers un but plus noble. Dans ce livre, il constate l'insuffisance de l'athéisme, du matérialisme, même de la philosophie pour créer la nécessité d'une vie morale ; il ne lui restait plus qu'à proclamer la nécessité de la révélation. Droz fait un pas de ce côté, mais il s'arrête.

« Il y a, dit-il, deux révélations, l'une naturelle, l'autre surnaturelle, philosophie ayant chacune son domaine propre. Philosophes, soyez religieux et respectez la foi chrétienne ; théologiens, approuvez, ou du moins tolérez tous les systèmes de philosophie complets, en les regardant comme des moyens de vous préparer à de plus hautes lumières. »

Tel est le dernier mot de l'ouvrage, dit M. Baunard, et ce dernier mot est un appel désespéré de la raison humaine à la raison divine.

C'est en 1822 que commencent les démarches sérieuses de Droz vers la foi.

Un fait le frappe dans ses études des temps anciens.

Au sein d'une société païenne, corrompue par une morale dépravée, il aperçoit une morale nouvelle, d'une pureté infinie et jusque-là inconnue : c'est la morale chrétienne, la morale de l'Évangile; elle semble s'imposer au monde. D'où lui vient cette force?

Les souvenirs de son enfance aidant, il en découvre l'origine, mais cette origine l'effraye. Car si cette origine est divine, il doit en accepter la morale et il n'en ressent pas encore la force. Malgré tout Droz est captivé par la lecture de l'Évangile, il laisse et reprend souvent ce livre divin ; la grâce agit, elle sera victorieuse. Mais que de peines encore, et que de temps va s'écouler !

Une autre objection se présente : celle des dogmes sur lesquels reposent la morale chrétienne et les pratiques du catholicisme. Ces dogmes l'épouvantent. Cependant, puisqu'il a fait le premier pas, il se sent pressé de faire le second, et il finira par où il eût dû commencer : il recherchera la vérité de ces dogmes dans l'étude. « Il y a, écrit M. Vinet, acquis trop de lumières pour se contenter d'un ancien préjugé, pas encore assez pour en embrasser toute la vérité. Mais l'esprit, qui s'est avancé dans la route d'un libre examen, ne recule plus, et après avoir franchi ce pénible défilé du doute, il se trouve avec délice dans cette plaine unie, fertile et vaste de la foi, où l'a conduit son courage. »

Joseph Droz est donc en bon chemin. Il a, pour l'éclairer, les lumières d'un cœur droit et pur. Dieu ne se refuse jamais à la sincérité et à la pureté : « Je m'étais promis, dit-il dans ses aveux, de porter dans cet examen une entière bonne foi, une complète impartialité. »

Ces années de lutte intérieure n'étaient point stériles

au dehors : Droz atteignait au sommet de sa gloire.

Ses amis étaient Laromiguière, de Gérando, Abel Rémusat, Ampère, Cuvier, le général Baudrand, Mounier ; puis Daru, Rœderer, de Candolle, Ségur, Portalis, et, parmi ces illustrations de la science et de la politique, l'illustre homme d'État, le duc Pasquier. L'Académie française avait couronné la *Philosophie morale* de Droz ; en 1825, il fut élu académicien en remplacement de Lacretelle aîné.

Le souci de sa gloire n'arrêta point ses progrès dans la foi religieuse, ses études allaient aboutir à leur but. Grâce à ses dispositions intellectuelles et morales, Droz allait enfin expérimenter que « le Seigneur est près de ceux qui le cherchent sincèrement ».

« Les mystères abaissent l'orgueil et disposent à l'humilité, écrit-il alors, c'est une preuve de leur divinité. » Voilà un aveu qui nous le montre bientôt arrivé au port. Il y a cependant un dernier pas à faire, un pas décisif et difficile : « Un jour, il s'offrit à moi tout d'un coup une idée qui d'abord me fit baisser les yeux, mais qui bientôt me pénétra d'espérance... Je connaissais un prêtre entouré de vénération ; dans mon ardeur à sortir du doute, je décidai que je le verrais dès le lendemain matin. »

Il nous faut dire que c'est par Mme Droz que Joseph connaissait ce prêtre, et la vie pure et sainte de sa femme n'avait pas été sans influence sur son retour à Dieu, pour prouver une fois de plus que, selon la parole de l'Apôtre, *l'homme infidèle* est *converti par la femme fidèle* à sa religion.

Cette épouse chrétienne, ce trésor si précieux pour un mari indifférent, Droz l'avait perdue en 1841, mais il lui avait conservé ses plus tendres souvenirs. Le jour de sa mort, elle avait eu avec lui un entretien suprême, un entretien éminemment religieux, comme il nous l'apprend. Ce qu'elle lui dit alors, il ne le raconta jamais; mais enfin Droz alla trouver ce prêtre à Saint-Sulpice, M. l'abbé Gaul, qui le reçut avec une grande joie.

Le philosophe voulut encore fixer les conditions auxquelles il se rendait. « Il stipula que le sacrifice de sa raison ne lui serait pas demandé. Le prêtre s'engagea à respecter non seulement les droits, mais toutes les délicatesses; il s'engagea de plus à en satisfaire tous les besoins. Après quelques conférences, son intelligence nageait dans des flots de lumière[1]. »

Droz a publié ces entretiens du prêtre et du philosophe sous le titre de : *Pensées sur le christianisme*, que Mgr Affre a louées avec empressement. C'est un livre excellent, capable de faire beaucoup de bien à des esprits sincères et intelligents.

« J'allai revoir le digne prêtre, continue le philosophe converti, je lui annonçai que mes doutes étaient entièrement dissipés. Je lui exprimai ma reconnaissance; il m'interrompit, et me prenant dans ses bras : « Prions, me dit-il, prions pour vous et pour « moi. » Je m'agenouillai près de lui, et mon âme, s'unissant à la sienne, y puisait la ferveur. »

Joseph Droz a publié aussi à cette époque les *Aveux d'un philosophe chrétien*, dans lesquels on lit ces paroles remarquables : « On calomnie les chrétiens quand on les accuse de vouloir étouffer la raison. Au contraire, ils appellent hautement la raison à juger les motifs qu'ils ont de croire. »

[1] M. Baunard.

Ces deux derniers ouvrages furent accueillis comme des auxiliaires de la vérité par les évêques de France, et beaucoup d'entre eux en firent de grands éloges.

Avec la foi, la piété était entrée dans les habitudes journalières de Joseph Droz. En sortant de l'humble demeure où il allait consoler le pauvre, il passait à l'église, où il demeurait de longs instants dans la méditation de ces mystères dont il avait une peur terrible autrefois. C'est dans le lieu saint qu'il retrouvait, au pied du même autel, des hommes que, dans le monde, divisaient les opinions politiques. Ici, la religion imposait silence aux questions irritantes et unissait les esprits et les cœurs dans les mêmes croyances et la même charité.

La révolution de 1848 le surprit dans cette paix, mais ne le troubla point. Il était fixé pour toujours.

Le 5 novembre 1850, Droz s'était rendu à une séance de l'Académie, quand, au retour, il fut repris d'un mal déjà ancien qui devait terminer sa vie sans grandes douleurs. M. Michelot, son gendre, raconte ainsi ses derniers moments : « Le médecin m'ayant dit qu'il avait les plus vives inquiétudes, j'avais écrit au confesseur ordinaire de M. Droz, et il était venu lui donner l'extrême-onction. Notre bon père l'a reçue sans parler, mais avec toute sa connaissance et toute sa piété... Il mourut le 9 novembre, âgé de soixante-dix-sept ans. Trois jours après, M. Guizot prononçait sur sa tombe les paroles suivantes :

« Les études de M. Droz ont été couronnées du succès le plus souhaitable, car elles l'ont conduit à se reposer dans la foi. Il est mort chrétien, fervent dans ses convictions. Quand on a vécu ainsi sur la terre, on entre avec confiance dans l'éternité. »

Deux ans après, M. de Montalembert, prenant possession du fauteuil académique de Droz, faisait entendre ces fortes paroles : « Pour vaincre et arrêter la révolution il faut avant tout renier l'esprit révolutionnaire. On n'y parviendra point à moins de revenir, comme l'a fait M. Droz, à la vérité tout entière. En politique comme en religion, cette vérité est dans le christianisme, et elle n'est que là. On parle de progrès : depuis que le monde existe, quel progrès approcha jamais de la révélation chrétienne? Elle est la base unique de toute restauration sociale. Elle seule peut *redresser*, comme parle Bossuet, le *sens égaré.* L'idée d'autorité ne peut naître que de l'idée de Dieu. Cet homme éminent est le type du mouvement régénérateur qui peut et qui doit nous sauver. Il a traversé la philosophie, l'économie politique et la politique, pour aboutir au christianisme... Il n'a désavoué ni la raison ni la liberté, mais il a compris que l'une et l'autre ont besoin de sanction, de barrière et d'appui, et qu'un frein n'est pas une entrave. Il a su monter de la morale à la religion, de la raison à la foi, de la philanthropie à la charité, de la discussion à l'autorité... Sa vie a vérifié la prédiction du comte de Maistre, qui a dit de la révolution française : « Elle fut commencée contre le catholicisme « et pour la démocratie; le résultat sera pour le « catholicisme et contre la démocratie. »

Terminons cette trop longue notice par ces lignes presque prophétiques qu'il traçait d'une main défaillante, à la lueur de l'éternité, la veille de sa mort :
« Ma conviction profonde est que l'Europe n'aura plus que de courts intervalles de repos et finira par

devenir la proie d'une conflagration générale, si ces périls ne sont pas détournés par un noble retour à la religion révélée, qui seule offre une morale pure, et seule donne la force de la suivre... Souvent, il me semble qu'aujourd'hui beaucoup d'hommes cherchent Dieu. Espérons! Dieu peut être touché du repentir de ceux qui l'ont tant outragé et qui l'ont tant oublié. A la voix du pardon, le christianisme déploierait encore ses prodiges ; et si de nouveaux barbares inondaient l'Europe, il soumettrait encore les ravageurs de la société à l'irrésistible puissance de sa loi bienfaisante. Mais espérons que Dieu détournera les dangers qui planent sur nos têtes. »

Ces paroles sont tirées d'une préface de l'*Essai sur l'art d'être heureux,* qui est restée incomplète. Droz a écrit à la dernière page : *Je ne crois pas pouvoir achever.*

DUCROT

GÉNÉRAL, DÉPUTÉ

(1817-1882)

> « Ce n'est pas seulement un grand homme de guerre qui vient de disparaître, mais c'est aussi un grand cœur de patriote et de chrétien qui a cessé de battre. » (CORNÉLY.)

Le 16 août 1882, la France a perdu un de ses meilleurs enfants et de ses plus braves généraux dans la personne du général Ducrot, mort à Versailles.

Auguste-Alexandre Ducrot, né à Nevers, sortit de Saint-Cyr et fut promu lieutenant en 1840. Il servit longtemps en Algérie, notamment au 17° léger, sous les ordres du duc d'Aumale; en 1859, il se distingua dans la campagne d'Italie. Commandant de la 6° division à Strasbourg en 1869, il avait écrit au général Froissard des lettres, depuis rendues publiques, qui signalaient, dès cette époque, les préparatifs de la Prusse. Mais l'empire fit la sourde oreille.

Après la déclaration de guerre, en 1870, le général Ducrot, qui commandait la 1re division sous les ordres du maréchal de Mac-Mahon, prit part à la fameuse bataille de Reischoffen. Revenu à Châlons avec quelques bataillons, sur l'ordre du maréchal, le général marcha le premier sur la Meuse à la tête d'une nouvelle armée pour rejoindre celle de Bazaine. Ducrot prit part à la bataille de Sedan et reçut de Mac-Mahon, grièvement blessé, le commandement en chef de l'armée. Mais, remplacé presque immédiatement par le général de Wimpfen, qui signa la capitulation, le général Ducrot refusa d'accepter les conditions favorables faites aux officiers qui engageraient leur liberté d'action pendant la durée de la guerre, et fut interné à Pont-à-Mousson, d'où il s'échappa déguisé en ouvrier, pour venir à Paris offrir ses services au général Trochu.

Le rôle si brillant du brave Ducrot à partir de ce moment est connu de tous. Il livra aux Prussiens, à Rueil, à Buzenval une bataille sanglante, qui n'eut pas de résultat. Il avait cependant payé courageusement de sa personne.

Bientôt après, à la tête de la deuxième armée destinée à opérer sur la Marne, le général adressa le 28 novembre, à ses soldats, une proclamation qui fit battre les cœurs de tous les Français, et qui se terminait par ces paroles énergiques : « Pour moi, j'en fais le serment devant la nation tout entière, je ne rentrerai dans Paris que mort ou victorieux. »

Avant le départ, le brave général se rendit à Notre-Dame des Victoires, et là, il demanda à la Reine du ciel le secours de Dieu pour le succès de ses armes, la priant de le ramener du combat mort ou victorieux.

Le combat de Champigny dura trois jours et le général Ducrot coucha sur le champ de bataille. Un de ses aides de camp raconte ainsi dans le *Clairon* cette page de la vie d'un héros.

« Quelques soldats se débandaient, escortant les pauvres mutilés qui défilaient de plus en plus nombreux. C'est alors que le général, sentant qu'avec une rivière à dos (la Marne) une déroute serait une débâcle, voulut par son exemple électriser ceux qui faiblissaient. Nous le vîmes s'élancer au triple galop, l'épée à la main, et dépasser la ligne de nos tirailleurs. Puis là, droit campé sur son cheval, passant son épée sous son bras et s'arrêtant au milieu de la mitraille qui pleuvait de toutes parts : « Quand vous « voudrez ! » s'écria-t-il en se retournant vers ceux qui hésitaient à marcher en avant. Et il resta là, en attendant la mort qui ne voulut pas de lui. Mais son courage ranime les courages fléchissants; l'armée reprit l'offensive avec vigueur, et quand il descendit de cheval, le soir à six heures, sans avoir pris d'autre nourriture qu'une tablette de chocolat, nous avions repoussé les Prussiens et nous couchions sur les positions occupées le matin par leur avant-garde.

« Le lendemain, je l'entendais dire avec une sorte de rage :

« — Je donnerais mon bras droit pour savoir où est l'armée de la Loire. »

« Mais son armée ne fut pas soutenue. Les avocats du gouvernement oublièrent d'envoyer des renforts; les soldats de Ducrot, manquant de vivres et de munitions, durent rentrer dans Paris.

« Dans une autre sortie, tentée au mois de janvier sur Montretout et Buzenval, le général fit encore, mais inutilement, des prodiges de valeur et de science militaire. »

Après la guerre, Ducrot, élu député à l'Assemblée nationale, siégea à droite et manifesta hautement son aversion contre les hommes funestes qui, au 4 septembre 1870, avaient profité de la présence de l'ennemi sur notre territoire pour s'emparer du gouvernement.

Aussi, ces farouches démocrates ne pardonnèrent jamais cette aversion pour eux et sa foi religieuse à ce vaillant soldat, à ce brave des braves, qui fut toujours en même temps un excellent chrétien. Le ministre de la guerre osa mettre à la retraite le général Ducrot.

« Méconnaissant ses services, dit le *Clairon*, on l'avait, au mépris de tous les droits, et avec une ingratitude en quelque sorte criminelle, relégué depuis peu dans la vie civile. La mort a été plus clémente et plus juste; elle l'a traité en soldat, elle l'a foudroyé.

« Ce n'est pas seulement un grand homme de guerre qui vient de disparaître; c'est aussi un grand cœur de patriote et de chrétien qui a cessé de battre.

« Ducrot n'aimait pas la garde nationale et les bataillons confus qui arrivaient de Belleville et de Montmartre avec leurs femmes, leurs enfants, des cheminées à la prussienne, embarrassaient la défense, et bornaient parfois leur rôle militaire à d'interminables parties de bouchons sur le talus des fortifications. Il abhorrait ces troupes fantaisistes qui ne valent quelque chose que pour l'émeute. Ah! si on l'eût écouté, le 31 octobre 1870, on eût écrasé dans son œuf la Commune naissante. Il voulait prendre de force l'hôtel de ville, et passer tous « ces gredins », comme il disait, par les armes. »

Au surplus, ceux qui ont été témoins de son courage héroïque et qui l'ont vu, montrant l'exemple à ses troupes, briser son épée de général en chef dans le corps d'un Prussien, savent s'il a dépendu de lui qu'il fût couché parmi les morts sur le champ de bataille.

C'est la retraite à laquelle on a forcé le général Ducrot qui l'a tué. A soixante-cinq ans, il paraissait aussi vert qu'un capitaine de trente-cinq. Sur sa recommandation formelle, ses obsèques ont eu lieu sans aucun appareil militaire. Ce héros, ce grand chrétien que la France vient de perdre était mort presque sans fortune; mais il ne s'en plaignait pas, car il possédait un autre trésor, celui de sa foi religieuse, à laquelle il fut toujours fidèle et qui fut seule capable de le consoler à son heure dernière.

L'aînée des filles du regretté général a épousé le colonel de l'Espée, qui, lors de l'expulsion des religieux, prit au Havre la défense de deux prêtres insultés par la foule et fut, pour ce fait, mis à la retraite.

DUFAURE

MINISTRE, SÉNATEUR, DE L'ACADÉMIE FRANÇAISE

(1798-1881)

> « Je suis heureux de m'en aller en paix avec Dieu et avec les hommes. »
> (DUFAURE.)

En 1881, la France perdait un homme politique qui a joué un rôle considérable pendant plus d'un demi-siècle, M. Jules-Armand-Stanislas Dufaure. Né à Saujon (Charente-Inférieure), il étudia le droit à Paris, et dès 1834 fut élu député par les électeurs de Saintes. En 1839, ministre dans le cabinet Soult, il acquit promptement une grande influence à la Chambre.

En 1848, il se rallia à la république, et soutint la cause du général Cavaignac. En février 1871, élu député par quatre départements, il fut chargé par M. Thiers du ministère de la justice où il se montra, pendant la Commune, adversaire de la conciliation, et, après le rétablissement de l'ordre, il a présenté et soutenu la loi contre l'Internationale.

Renversé le 23 mai 1873, M. Dufaure prit place au centre gauche, dont il devint un des chefs les plus ardents et les plus capables. Il a voté pour les préliminaires de la paix, les lois municipales, la proposition Cazenove de Pradines, l'abrogation des lois d'exil, la validation de l'élection des princes et la dissolution des gardes nationales.

M. Dufaure fut ministre sous trois gouvernements et membre de l'Académie française.

A la tribune, cet homme était un des orateurs les plus écoutés de la Chambre. Lorsqu'il intervenait dans une discussion, c'était pour la dégager de ses broussailles, pour l'éclaircir et la résumer. Au début, sa parole avait peu de charme ; mais bientôt, la voix s'animant, les yeux d'abord éteints s'allumaient, et amis et ennemis faisaient silence, personne ne voulant rien perdre de ces syllogismes qui se croisent et s'entre-croisent, et qui finissent par emprisonner l'adversaire dans un filet dont il ne peut plus sortir. Malheureusement la vérité nous oblige d'ajouter que M. Dufaure a eu parfois le tort de mettre ses rares qualités au service des plus mauvaises causes, en s'alliant avec la gauche.

Mais nous ne voulons dire ici que sa passion du devoir, sa probité et sa foi. Quelles qu'aient été ses aberrations politiques, M. Dufaure fut toujours dans la vie privée un homme de bien et de religion, et dans sa vie professionnelle un homme d'honneur.

« Uni à une sainte par le mariage, dit le *Pèlerin*, il a aimé la foi de cette Clotilde, il l'a suivie. Son âme, profondément gangrenée par l'école libérale des Lafayette et consorts, cherchait la vérité ; il avait trouvé la vérité religieuse et par elle il s'acheminait vers les idées d'une politique catholique.

« Quand Mme Dufaure quitta ses bonnes œuvres et sa famille, qui était une de ses meilleures œuvres, elle obtint, pour l'âme de celui qu'elle laissait ici-bas, des grâces qui se manifestent dans la fin de sa vie d'homme d'État. Avant de perdre Mme Dufaure, il avait été célèbre avocat, sept fois ministre ; il avait fait de grands discours, édifié la législation des chemins de fer, travaillé depuis à établir la république ; il avait déterminé la chute de Mac-Mahon dans la question des grands commandements militaires ; il avait applaudi aux invalidations et il était devenu sénateur et académicien : tout cela n'est pas sa vie.

« En 1880, il commença à voir où conduisaient les vieilles traditions parlementaires ; son âme honnête, aidée par sa foi, en fut révoltée, et il se mit à la tête de la campagne contre l'article 7. Le premier, il porta un grand coup au ministère Ferry ; le crochetage le trouva indigné, et il rédigea un projet de loi sur les associations destiné à servir de remède au mal.

« Dufaure devait désormais défendre les intérêts de l'Église, et s'il fût revenu au pouvoir, il eût compris autrement bien des choses. Dieu lui réservait mieux.

« Après ces actes éclatants de réparation de son passé, il tomba malade à Rueil, près Paris, où il venait de s'installer pour travailler en paix, à l'âge de quatre-vingt-trois ans. Le lendemain de l'interpellation catholique de M. Lambert Sainte-Croix contre les projets d'expulsion des sœurs de nos hôpitaux, il écrivit une lettre de félicitation à l'orateur. Ce fut son dernier acte public, qui pèsera lourd dans la balance de la justice divine.

« Atteint de deux cruelles maladies, il souffrait énormément. Le 17 juin, il s'était alité, et le jour de la

Fête-Dieu il demanda à recevoir la sainte communion aux religieuses qui le soignaient. M. l'abbé Marion,

Dufaure.

curé de Rueil, qui lui avait apporté plusieurs fois déjà la sainte Eucharistie, la lui apporta de nouveau. Au moment où M. le curé allait lui donner la sainte Hostie, M. Dufaure, sur la demande du prêtre, affirma sa foi entière à Jésus-Christ avec la plus ardente piété.

« — Croyez-vous? demanda le prêtre.

« — Oui, dit M. Dufaure, je crois à la parole de Celui qui, étant mort pour nous sauver, n'a pas pu parler pour nous tromper. » Puis, la cérémonie terminée, il récita à haute voix le *Pater noster* et l'*Ave Maria*.

« Il s'unit ensuite aux prières du prêtre, et, la cérémonie terminée, le remercia vivement : « *Je suis heureux*, monsieur l'abbé, *de m'en aller en paix avec Dieu et avec les hommes*. Quant à vous, soyez bien sûr de l'inaltérable affection que je vous ai vouée. » Sur le désir qu'il en avait exprimé, l'illustre malade avait auparavant reçu l'extrême-onction.

« Son vieil ami, le P. Pétetot, supérieur de l'Oratoire, le visitait souvent. Il reçut aussi la visite de Mgr Richard. Puis, ayant réuni ses enfants et ses petits-enfants, il leur dit adieu avec l'énergie et le calme de la volonté qu'il avait dans les grandes occasions. Il les bénit et les embrassa : « Soyez toujours « unis. » Il pria encore et expira vers les onze heures.

« L'histoire dira à sa louange qu'il a défendu courageusement les congrégations religieuses persécutées, qu'il a vécu et est mort chrétiennement. »

DUMAS (J.-B.)

CHIMISTE, DÉPUTÉ, MINISTRE, SÉNATEUR, DE L'ACADÉMIE FRANÇAISE,
DE L'INSTITUT, DE L'ACADÉMIE DE MÉDECINE

(1800-1885)

> « Je tiens à dire que j'ai toujours vécu en chrétien et en bon catholique... C'est grâce à la Providence que j'ai pu commencer et mener à bonne fin tous mes travaux. » (J.-B. DUMAS.)

Au mois d'avril 1885, mourait à Cannes un savant illustre dans le monde entier, M. Jean-Baptiste Dumas, célèbre chimiste, secrétaire perpétuel de l'Académie des sciences. Le deuil de l'Académie a été partagé par toute la France, car M. Dumas était l'une de nos gloires les plus anciennes et les plus incontestées, et les catholiques s'y sont associés d'une manière toute particulière, ce savant s'étant fait à l'Académie le porte-étendard de la foi.

Né à Alais (Gard), le 14 janvier 1800, Jean-Baptiste Dumas débuta comme plusieurs chimistes célèbres par la pharmacie. Il acquit rapidement en botanique, en médecine et en chimie des connaissances étendues qui étonnèrent de Candole et Prévost, ces deux savants. Il conquit de bonne heure une haute position dans la science et dans l'enseignement. Il n'avait pas seulement la sécheresse de la science, mais le charme du style, la facilité de la parole, une grande habileté à faire valoir ses expériences et à les mettre à la portée du grand nombre, ce qui est la marque du vrai talent. Il s'était formé lui-même, d'abord à Genève, puis à Paris, où l'on n'admirait pas moins l'éloquence et la clarté du professeur que la beauté et l'intérêt de ses découvertes scientifiques.

Les honneurs vinrent le trouver. En 1849, il était membre de l'Assemblée législative; en 1850 il fut ministre de l'agriculture. L'empire le fit sénateur; mais lui ne délaissa jamais la science, et revint toujours avec bonheur aux études qui faisaient sa gloire et le charme de sa vie. Dès 1832 il avait été élu membre de l'Académie de médecine, puis de celle des sciences, dont il est devenu, en 1868, le secrétaire perpétuel, et, en 1875, il entra à l'Académie française. Le ton chrétien de son discours de réception irrita la presse libre penseuse : ce fut un honneur pour lui.

Assurément les croyants ne manquent pas à l'Académie, et ils y sont, nous osons le dire, en grand nombre. Quelques-uns même ne sont pas de simples croyants, mais des hommes profondément religieux et d'une édifiante piété ; malheureusement leur action est peu étendue. Sur la tombe d'un confrère, ils exprimeront modestement le bonheur qu'ils ont eu de le voir mourir dans les sentiments religieux qu'ils lui connaissaient. Mais, en dehors de là, ils remplissent humblement leurs devoirs.

M. Dumas, au contraire, dont les efforts s'étaient concentrés sur des questions transcendantes de philosophie naturelle, était constamment porté à s'élever du domaine de la matière dans les régions supérieures, et il était à l'Académie le représentant de la foi catholique.

Aussi, lorsqu'en 1876 M. Saint-René Taillandier, alors directeur de l'Académie, fut chargé de recevoir l'illustre chimiste qui venait s'asseoir au fauteuil de M. Guizot, il lui dit :

« De l'aveu de tous, c'est vous qui êtes le vrai continuateur de Lavoisier ; » puis il ajouta : « Au delà de ce cosmos où rien ne se crée, où rien ne se perd, vous apercevez toujours le Créateur, comme Cuvier, comme Geoffroy-Saint-Hilaire, et l'on pourrait inscrire en tête de tous vos ouvrages ces poétiques paroles que Linnée traçait à la première page de son *Systema naturæ* : « Éveillé soudain, j'ai vu passer « le Dieu éternel, infini, tout-sachant, tout-puissant : « je l'ai vu passer, et je suis tombé en extase : *Deum « sempiternum, immensum, omniscium, omnipo- « tentem, expergefactum a tergo transeuntem vidi « et obstupui.* »

A l'époque de la mort de M. Dumas les revues et les journaux de la libre pensée, tout en louant le savant, ne dirent pas un mot de ses sentiments chrétiens. Ils espéraient qu'ainsi ce côté si beau de la vie du grand savant resterait dans l'ombre et le silence. Mais Jean-Baptiste Dumas déjoua ce calcul impie par la déclaration qu'il fit sur son lit de mort. Le 10 avril, après que le prêtre l'eut confessé et lui eut administré les sacrements de l'Église, Dumas, adressant la parole au prêtre, à sa famille et à ceux qui entouraient sa couche, dit :

« Je vous remercie des secours de la religion que vous m'avez donnés, et qui sont pour moi une consolation suprême. Mais je tiens à dire que j'ai toujours

2*

vécu en chrétien et en bon catholique. Mes enfants savent, et je leur ai souvent répété, que c'est grâce à la Providence que j'ai pu commencer et mener à bonne fin tous mes travaux. D'ailleurs, ils trouveront dans mes papiers les derniers conseils, où je les exhorte, pour vivre heureux, à vivre en paix avec Dieu. »

Donc la science proclame Dieu ; elle vient de Dieu, n'en déplaise à l'incrédulité ! M. Dumas, avec raison, s'estime heureux de n'être pas de ceux qui pensent que la destinée de l'homme est de naître sans voir, de vivre sans but, de mourir sans espérances. Ses derniers moments furent dignes de ces sentiments. Il expira le jeudi saint, après avoir communié.

Ce grand savant, nous l'avons dit, était le représentant de la foi catholique à l'Académie. Il l'a prouvé en plusieurs circonstances.

Il avait dit déjà : « Sous l'influence du christianisme, le droit n'a plus abdiqué devant la force, la justice s'est étendue sur toutes les nationalités, la sympathie n'a plus tenu compte de la couleur des hommes, la liberté a relevé les castes et les races déchues, le plus humble s'est vu protégé par son origine divine, et le plus grand s'est senti responsable devant l'éternité. »

Dans la même séance, M. J.-B. Dumas a prononcé aussi ces nobles et solennelles paroles, couvertes des applaudissements enthousiastes de l'auditoire choisi et éclairé qui les écoutait, mais qui, dans le camp de la libre pensée, ont excité, dit l'abbé Moigno, de grandes et de bruyantes colères.

« De grandes découvertes ont enrichi les sciences ;

on a dit même qu'elles touchaient enfin aux limites qui ont séparé jusqu'ici la matière et l'esprit.

« Il n'en est rien.

« L'astronomie, il est vrai, ne représente plus le firmament comme une voûte solide sur laquelle seraient fixées les étoiles, ses instruments et ses calculs plongent dans le vaste univers; la mécanique ouvre, à travers les isthmes et les montagnes, des chemins au commerce des nations; la physique transporte la pensée sur les ailes de l'électricité, d'un hémisphère à l'autre, avec la vitesse de l'éclair; la chimie pénètre par son analyse jusqu'aux profondeurs extrêmes des cieux, et reproduit les parfums les plus suaves ou les nuances les plus délicates des fleurs qui ornent la terre. Cependant l'espace, le temps, le mouvement, la force, la matière, la création de la matière brute et le néant demeurent autant de notions primordiales dont la conception nous échappe.

« La physiologie, de son côté, nous montre les plantes préparant, sous l'influence du soleil, les aliments des animaux; la destruction des animaux restituant aux plantes les principes dont elles se nourrissent; la matière minérale formant la trame des matières organiques sous l'influence de la vie.

« Mais elle ne sait rien de la nature et de l'origine de cette vie, qui se transmet mystérieusement de génération en génération depuis son apparition sur terre. *D'où vient la vie? la science l'ignore;* où va la vie? la science ne le sait pas, et quand on affirme le contraire en son nom, on lui prête un langage qu'elle a le devoir de désavouer. »

DUPUYTREN

CHIRURGIEN, DE L'ACADÉMIE DES SCIENCES

(1777-1834)

> « Oui, je crois que c'est réellement mon Dieu que je vais recevoir. »
> (DUPUYTREN.)

Le baron Guillaume Dupuytren, né à Pierre-Buffière (Haute-Vienne), est un des chirurgiens les plus célèbres qu'ait eus la France en ce siècle. On l'appelait le célèbre Dupuytren, le fameux Dupuytren. Son jugement était sans appel. Il avait la confiance des grands et des rois.

Issu de parents pauvres, il fit ses études au collège de La Marche, à Paris, et étonna bientôt ses professeurs et ses collègues par ses progrès en médecine et en chirurgie. Avare de son temps chez les riches, prodigue de soins près des pauvres, il fut cependant en butte à la malignité de l'envie et à la calomnie; car son caractère froid et dur n'inspira jamais de sympathie ni à ses malades, ni à ses nombreux élèves. Il paraissait n'avoir que du mépris pour l'humanité et manquer de ces sentiments privés qui font le charme de la vie. « L'orgueil et aussi la dévorante activité de sa vie, dit l'abbé Saillard, ses préjugés, son indifférence ou même son hostilité, avaient tenu l'illustre chirurgien éloigné de toute pratique religieuse. Mais enfin, il vint un jour où d'autres pensées, nouvelles, inattendues, étonnèrent tout à coup et inquiétèrent ce grand esprit ; des sentiments, qu'il n'avait pas connus jusque-là, émurent son cœur et l'ouvrirent à Dieu. Au reste, il fut toujours spiritualiste [1]. »

Le père Lacordaire a raconté les circonstances de la conversion du docteur Dupuytren ; nous analyserons son récit, un peu trop étendu pour le cadre de cet ouvrage.

Un jour Dupuytren, épuisé de fatigue à la fin d'une journée de travail, allait prendre quelque repos, lorsqu'un petit vieillard, un prêtre, en tenue poudreuse et négligée, se présente dans son cabinet.

« Qu'avez-vous ? » lui dit-il durement.

L'étranger lui montre une grosseur purulente qu'il avait sur le cou. Le docteur l'examina longtemps : la plaie était si effrayante qu'il s'étonnait que le malade pût encore se tenir debout.

« Je dois vous dire, monsieur l'abbé, qu'il n'y a point de remède à un tel mal. Avec cela, il faut mourir! »

Le pauvre prêtre n'eut pas l'air d'en être troublé. Il enveloppa son cou, retira de sa poche une pièce de cinq francs enfermée dans un morceau de papier, et la posa sur la cheminée en s'excusant de ne pouvoir donner davantage. Puis il ajouta avec un sourire d'une ineffable douceur : « Je suis heureux d'être venu vous trouver, au moins j'ai la certitude du sort qui m'attend. Peut-être auriez-vous pu m'annoncer cette nouvelle avec plus de précaution. Mais je ne

[1] Un jour Dupuytren disait à un de ses confrères, qui se vantait d'être matérialiste : « Alors, Monsieur, vous n'êtes pas médecin, vous n'êtes que vétérinaire. »

vous en veux pas; j'étais préparé depuis longtemps... Adieu, monsieur le docteur, je retourne à mon presbytère pour y attendre la mort. »

Et il sortit.

Dupuytren resta pensif. Cette nature de fer, ce génie puissant était venu se briser contre ces paroles d'un pauvre vieillard malade, dont la vie n'avait pour lui aucun prix; dans ce corps faible et souffreteux, il avait rencontré un cœur et une volonté plus ferme encore que la sienne; il avait trouvé son maître dans ce prêtre campagnard.

Celui-ci étant parti, le docteur s'élance vers l'escalier. Le prêtre descendait lentement les degrés en s'appuyant sur la rampe.

« Monsieur l'abbé, cria-t-il, voulez-vous remonter ? »

L'abbé remonta.

« Il y a peut-être un moyen de vous sauver, si vous voulez que je vous opère ?

— Mon Dieu, monsieur le docteur, je suis venu à Paris pour cela; coupez, taillez, je vous en prie, comme vous voudrez.

— Mais peut-être ferons-nous une tentative inutile, et ce sera long et douloureux.

— Opérez toujours, Monsieur; coupez autant qu'il le faudra, j'endurerai tous les tourments. Mes pauvres paroissiens seraient si contents !

— Eh bien ! vous allez vous rendre à l'Hôtel-Dieu, salle Sainte-Agnès. Vous serez là parfaitement, et les bonnes sœurs vous prodigueront les soins les plus attentifs. Après-demain de bonne heure nous commencerons l'opération.

— C'est entendu, dit le prêtre ; monsieur le docteur, je vous remercie. »

Dupuytren écrivit à la hâte quelques mots et remit le papier au prêtre, qui se rendit à l'hospice.

Le troisième jour, les cinq à six cents élèves qui suivaient les leçons du maître étaient à peine rassemblés que Dupuytren arriva. Il se dirigea vers le lit du prêtre, suivi de cet imposant cortège, et l'opération commença. Elle dura vingt-cinq minutes, et détermina une perte de sang considérable. Mais le prêtre soutint ces cruelles épreuves avec une héroïque patience ; il ne fronça pas le sourcil. Seulement, quand les poitrines qui l'entouraient se dégagèrent toutes ensemble, haletantes d'attention et de crainte, Dupuytren dit avec joie au patient :

« Je crois que tout ira bien maintenant. Vous avez bien souffert, n'est-ce pas ?

— Un peu, mais j'ai cherché à penser à autre chose ; maintenant je me trouve bien mieux. »

Dupuytren l'examina un instant avec une profonde attention, jusqu'au moment où le malade s'assoupit.

A partir de ce jour, lorsque Dupuytren arrivait, par une étrange infraction à ses habitudes, il passait devant les lits des autres malades et courait au lit de son malade favori. Plus tard, lorsque celui-ci commença à se lever, il allait à lui, prenait son bras sous le sien, et harmonisant son pas avec celui du convalescent, faisait avec lui le tour de la salle. Pour qui connaissait l'insouciante dureté du médecin, ce changement de conduite était inexplicable.

Lorsque l'abbé fut rétabli, il retourna vers ses chers paroissiens.

Le docteur ne revit le prêtre qu'à l'anniversaire du jour où il l'avait opéré. Celui-ci, plein de reconnaissance, revenait offrir à son sauveur deux beaux poulets et des poires de son jardin. Dupuytren fut touché jusqu'au fond de son âme de cet acte de grande simplicité et de profonde gratitude; il engagea le prêtre à dîner avec lui. Le prêtre n'accepta pas, il lui fallait retourner aussitôt dans sa paroisse.

Deux ans après, le bon vieillard revenait avec son panier contenant des poulets et des poires, et le chirurgien le recevait toujours avec émotion.

Enfin, arriva le moment cruel où Dupuytren ressentit les premières atteintes de la maladie qui mit fin à une existence si précieuse. Il partit pour l'Italie, mais sans espoir d'être sauvé par ce voyage que la Faculté réunie lui avait conseillé d'entreprendre. Revenu en France au mois de mars 1834, il se portait moins mal, mais cette amélioration n'était qu'apparente, et Dupuytren le sentait bien. Il se voyait près du tombeau, et son caractère devenait plus sombre dans cette triste solitude que son cœur, froid et dur, lui avait depuis longtemps préparée.

Alors il fit un sérieux retour sur lui-même.

Il avait senti déjà, et il comprit mieux en ce moment que la mort n'est pas l'anéantissement de l'homme, et que, au delà du tombeau, il y a une autre vie. Ne voulant pas courir les chances d'une éternité malheureuse, dont sa raison aussi bien que la foi lui affirmait l'existence, il se tourna du côté de Dieu, et se rappela l'humble curé de campagne dont la force d'âme, la reconnaissance simple et affectueuse avait brisé son cœur insensible, et pour lequel il avait ressenti une secrète mais sincère amitié.

Un soir, comme il était seul sur son lit de souffrance, il appela son fils adoptif qui veillait dans un cabinet voisin, et lui dicta cette lettre :

« A Monsieur le curé de la paroisse de X... près Nemours.
(Seine-et-Marne.)

« Mon cher abbé,

« Le docteur a besoin de vous à son tour. Venez vite, peut-être arriverez-vous trop tard.

« Votre ami,

« Dupuytren. »

Le prêtre accourut aussitôt.

Arrivé près du malade, le bon curé, comme accablé sous le poids de la réputation de cet homme célèbre, était embarrassé. Le docteur, qui s'en aperçut, lui dit simplement :

« Ne craignez pas, monsieur l'abbé, agissez avec moi comme un enfant qui en est aux premiers éléments de la religion; je ne la connais plus, je l'ai presque totalement oubliée. Tout entier à mon art, au monde, aux applaudissements que j'en recevais, je l'ai complètement perdue de vue. Veuillez bien, comme si vous faisiez le catéchisme à un enfant, me rappeler ce que je n'aurais pas dû oublier. » Dupuytren se confessa ensuite à ce prêtre et demanda les derniers sacrements. Interrogé s'il croyait à la présence de Dieu dans l'Eucharistie :

« Oui, dit-il avec ce ton de conviction et de dignité qui tenait de la solennité du serment, *oui, je crois*

que c'est réellement mon Dieu que je vais recevoir. »
Il le reçut, en effet, et demanda à voir l'archevêque de Paris. Il mourut le 8 avril 1834. Une foule immense suivit le cercueil du grand praticien.

Après le service funèbre, ses élèves portèrent à bras ses restes mortels jusqu'au cimetière.

Le bon petit vieillard suivait le convoi en pleurant.

« La sainteté, dit le P. Lacordaire, avait vaincu ce cœur dont aucune autre puissance n'avait pu amollir la dureté. Armé de la seule force religieuse, le pieux vieillard, nouveau David, avait triomphé du Goliath de la science médicale. Il n'avait fallu pour cela ni ruse, ni stratagème : la vertu et la grâce étaient les seuls instruments dont il s'était servi pour gagner le cœur du célèbre médecin et en faire la conquête. »

FALLOUX (de)

LITTÉRATEUR, MINISTRE, DE L'ACADÉMIE FRANÇAISE

(1811-1886)

> « C'est un grand, un fidèle serviteur de l'Église. » (Léon XIII.)

M. de Falloux, né dans l'Anjou, remontait par ses ancêtres au temps d'Henri IV, d'après le savant généalogiste M. Borel d'Hauterive. Il fit ses études au collège Bourbon. De même que de Montalembert, qui fréquentait alors le collège Henri IV, le jeune Angevin sut, dans ce milieu peu chrétien, préserver sa foi de toute atteinte. Non moins intrépide que fervent, il ne craignait point d'affirmer ses croyances, dédaigneux des lazzis de ses camarades et des boutades de ses maîtres.

Élevé par une mère qui lui avait appris à ne point céder aux lâchetés du respect humain, il disait le chapelet à l'étude. Un jour, un de ses voisins, qui appartenait à la religion protestante, voulut interrompre le pieux exercice par une phrase agressive. Alfred n'y fit pas attention d'abord; mais le voisin huguenot revint à la charge avec une persistance tellement agaçante, que le jeune Angevin n'y tint plus, et lui lança son encrier à la tête, juste au moment où, le doigt sur un des gros grains du rosaire, il adressait à Dieu ces paroles: *Et dimitte nobis debita nostra sicut et nos dimittimus debitoribus nostris.* Le projectile était à peine parti que le jeune gentilhomme, pris de remords, embrassait son camarade et lui demandait pardon avec larmes. L'agresseur, touché à son tour, reconnut sa faute et fit la paix.

Ses études classiques terminées, Alfred de Falloux n'eut garde de s'abandonner aux frivoles distractions que se permettaient à cette époque les jeunes gens de son rang et de sa fortune. Les questions théologiques l'accaparèrent. Il lut les Pères de l'Église, médita les grands problèmes religieux, et peu s'en fallut qu'il ne suivît l'exemple de son frère et n'entrât comme lui dans les ordres. Mais M. de Falloux père s'y opposa. Ne pouvant servir l'Église dans la milice sacrée, le jeune homme prit la résolution de défendre au sein de la société laïque la cause religieuse.

« De concert avec Charles et Henry de Riancey il fonda, sous le nom d'*Institut catholique,* une sorte de conférence où furent discutées la plupart des thèses politiques et religieuses qui, sous la Restauration, commençaient à préoccuper les esprits. La liberté de l'enseignement recruta notamment parmi les membres de la conférence de jeunes et ardents champions. C'est là que furent établis les principes de la loi qui devait triompher vingt ans plus tard[1]. »

M. de Falloux se fit connaître d'abord par deux livres qu'il publia: l'*Histoire de Louis XVI* et l'*Histoire de saint Pie V.*

---

[1] O. Havard, dans *Le Monde.*

Lié avec de Montalembert, Berryer, Pastoret, de La Rochejaquelein, M. de Falloux se décida, sur leurs conseils, à entrer dans la politique.

Élu en 1846 député de Segré, il ne monta que deux fois à la tribune, mais aussitôt il fut rangé parmi les orateurs dont la parole élégante et spirituelle sait s'imposer aux auditoires les plus rebelles. Ce talent grandit encore à la tribune de l'Assemblée constituante. Nommé représentant du département de Maine-et-Loire, M. le comte de Falloux prit une part prépondérante à la plupart des discussions.

A la suite des événements de 1848, le député s'associa au vote qui déclarait que le général Cavaignac avait bien mérité de la patrie. « Le général avait pour lui la plus haute estime, et sa mère témoignait à M. de Falloux une affection qu'expliquait le caractère chevaleresque de l'orateur catholique. »

M. Cavaignac, on l'a su depuis, ne prenait aucune décision où les intérêts religieux pouvaient se trouver engagés sans consulter le père de Ravignan. Ce fut sur les conseils de l'éminent religieux que le général confia, le 20 décembre 1848, le portefeuille de l'instruction publique et des cultes au comte de Falloux.

A peine installé, le nouveau ministre s'occupait de réaliser le rêve de toute sa vie[1]. Deux commissions

---

[1] Aucun ministère ne fut plus fécond que celui-là. Un traité de paix entre l'Église et l'Université fut signé; ce sera l'impérissable gloire de M. de Falloux, d'avoir accordé à la France cet édit de Nantes, que le jacobinisme fanatique devait révoquer après trente ans de concorde. Sorti du ministère le 31 octobre 1849, M. de Falloux fut empoigné dans la nuit du 2 décembre et conduit au mont Valérien. Élargi quelques jours après, il rencontra, rue du Bac, l'ex-président Dupin qui s'empressait de lui dire, avec un cynisme de paysan parvenu : « Eh bien! *Novus rerum nascitur ordo.* — Le latin dans les mots brave l'honnêteté, » réplique M. de Falloux en lui tournant le dos. (*France illustrée.*)

qui comptaient dans leurs rangs les abbés Dupanloup et Sibour, MM. Cousin, Thiers, de Montalembert, Cochin, de Corcelles, de Riancey, Saint-Marc Girardin, Buchez, Fresneau, Laurentie, etc., furent chargées d'élaborer un projet de loi sur l'enseignement secondaire, et un autre sur l'enseignement primaire. Le 18 juin 1849, M. de Falloux déposait sur le bureau de l'Assemblée la charte qui devait pendant trente ans régir l'enseignement public. La loi fut promulguée le 15 mars 1850, M. de Falloux n'était plus ministre : il avait été remplacé par M. de Parieu. »

Nommé membre de l'Académie française en 1856, il y remplaçait le comte Molé. En 1865, il prenait part aux travaux du congrès de Malines; et aux élections législatives de 1869, porté comme candidat catholique en Vendée, il échouait contre le candidat officiel.

A dater de cette époque, M. de Falloux rentra dans la vie privée; il n'en sortit qu'au mois de mai 1880, pour venir à Paris, prononcer un éloquent discours sur la liberté religieuse et contre les décrets du 29 mars.

Ce fut son dernier discours.

Sous l'empire, il avait publié la correspondance de Mme Swetchine et le journal de sa conversion; en 1871, la vie de M. Augustin Cochin, et dans ces derniers temps il donna au public plusieurs volumes de *Discours et mélanges politiques, Études et souvenirs.*

Quand la mort le surprit, M. de Falloux travaillait à la rédaction de ses *Mémoires.*

Sa mort, arrivée au commencement du mois de janvier 1886, fut religieuse comme sa vie.

« La rapidité foudroyante de la mort de notre éminent maître et ami, lisons-nous dans un journal de cette époque, nous rend plus vive la douleur de la séparation sans troubler notre confiance en la bonté de Dieu. Nous, qui avons pu voir de près M. de Falloux, nous savons qu'il n'a pas été surpris par la mort ; son âme se tenait prête à paraître devant le Juge souverain. Devant ce lit funèbre et dans notre indicible douleur, nous évoquons, comme un gage d'espoir qui ne sera pas trompé, le souvenir de cette parole du vicaire de Jésus-Christ, qui fut pour notre ami la suprême consolation de sa vie vaillante et généreuse : « C'est un grand et fidèle serviteur de l'Église. »

Nous admirerons dans cet homme politique l'esprit de simplicité chrétienne avec lequel il a rédigé la partie de son testament qui concerne sa sépulture :

« J'interdis, pour mon enterrement et service immédiat ou anniversaire, toute autre cérémonie qu'une messe, sans tentures ni décorations, ni discours quelconque, ne tenant plus, dans la profonde sincérité de mon cœur, à aucun autre témoignage de souvenir ou d'affection que la prière. »

La prière ! c'est le seul bonheur de ce vrai chrétien, la seule récompense de ce « fidèle serviteur de l'Église », la seule chose précieuse pour lui à la fin de sa carrière, selon cette belle parole d'un autre académicien, M. Legouvé : « Si j'avais à choisir, je préférerais un homme qui prie, et ne sait rien, à un homme instruit et niant Dieu. »

Quelque temps avant sa mort, M. de Falloux avait dit déjà : « Je veux être enterré comme un métayer angevin. »

Il a reçu la satisfaction de ses désirs, et les cultivateurs de l'Ouest, qu'il n'avait cessé de servir par ses écrits comme par ses exemples, se sont trouvés fidèles, en foule, au rendez-vous qui leur était donné, le 11 janvier, pour les obsèques au Bourg d'Iré.

La vie publique du comte de Falloux *n'a pu être approuvée par tous les catholiques*. Engagé dès sa jeunesse dans les luttes ardentes et passionnées de la vie politique, il est resté mêlé jusqu'à la fin aux polémiques irritantes qui les ont divisés.

On a dû regretter, en particulier, que dans une circonstance récente il n'ait cru pouvoir défendre la mémoire de l'illustre évêque d'Orléans qu'en renouvelant lui-même, contre ses adversaires, des attaques trop semblables à celles dont il dénonçait, avec raison, la violence et parfois l'injustice.

« De la vie et de l'œuvre du comte de Falloux, dirons-nous avec M. Oscar Havard, nous ne voulons plus retenir que ce qui le désigne au respect, à l'admiration, à la reconnaissance des enfants de l'Église et de la France.

« Français, il demeura constamment fidèle à la cause française par excellence, celle de la monarchie traditionnelle.

« Catholique, il a aimé l'Église, il a gardé la foi, il a servi avec passion la liberté des âmes, il a attaché son nom à la loi la plus bienfaisante qui soit sortie de nos assemblées législatives depuis cent ans. Certes, il n'en a jamais revendiqué l'honneur pour lui seul ; mais il est également injuste de contester qu'il n'ait joué le rôle principal et décisif dans toute œuvre collective, celui qui implique la responsabilité. Quand on lui reproche son libéralisme, on oublie que la loi de 1850, à côté de la liberté de l'enseignement, proclamait l'obligation universelle de l'instruction religieuse, faisant ainsi pénétrer les salutaires influences de la religion dans l'enseignement général de la société, selon les propres paroles de son auteur. Si lui-même, dans l'entraînement des controverses, a paru parfois mettre au premier rang les intérêts de la liberté, l'équité oblige de se souvenir que, dans l'œuvre capitale, l'œuvre la plus réfléchie de sa vie, il a fait passer avant tout les droits de la vérité.

« D'ailleurs, la haine de nos ennemis a rendu au législateur de 1850 le plus bel hommage qu'il pût obtenir. « Encore quinze ans de la loi Falloux, a dit « M. Challemel-Lacour, et la France nous échap- « pait. » Les législateurs de 1882 y ont mis bon ordre, mais les catholiques doivent apprendre par là le devoir de gratitude qui les lie envers l'homme d'État que nous avons perdu.

« M. de Falloux avait les grandes qualités de l'écrivain, clarté, noblesse, élégance, et les grands dons du polémiste, promptitude, véhémence, ironie. Jusqu'à la fin ses amis l'ont applaudi, ses adversaires l'ont redouté, tous l'ont respecté. »

FERRONNAYS (DE LA)

PAIR DE FRANCE, AMBASSADEUR, MINISTRE

(1783-1842)

> « Ma raison, soumise par la grâce, ne demande plus compte de ce que je crois ; je crois tout simplement et je trouve qu'il est doux et bon de croire ce qui ne commande que le bien et ne permet que le bonheur. »
>
> (DE LA FERRONNAYS.)

M. A Rio, dans son *Épilogue de l'art chrétien*, nous a fait connaître le comte Auguste de La Ferronnays. Nous lui empruntons les détails suivants sur cet homme politique.

« Le comte Auguste de La Ferronnays, descendant d'un compagnon d'armes de Bertrand Duguesclin, avait dans sa personne, dans son âme et dans son caractère, tout ce qu'il fallait pour justifier cette descendance et cette origine bretonne. Forcé d'émigrer, pendant la Révolution française, en Allemagne, son séjour à l'étranger ne fut favorable ni à son progrès intellectuel, ni à son progrès moral. Mais, au point de vue de l'honneur militaire, l'émigration française en ce pays avait été pour lui une excellente école, et il en avait rapporté des aspirations belliqueuses qu'il fut plus d'une fois sur le point de satisfaire. Beau, brillant, brave et intelligent, il portait dans son cœur, à son front, et dans toute sa personne, les qualités du vrai gentilhomme français.

« Jusque vers 1837, son bagage religieux était assez léger. Sa dévotion se bornait à répéter chaque jour une courte prière à la sainte Vierge, que sa mère lui avait appris à balbutier sur ses genoux et qu'il avait redite à travers toutes les distractions de la guerre et des plaisirs, et en dépit de tous les obstacles. Mais il y avait d'autres âmes plus familiarisées avec Dieu que la sienne, qui priaient pour lui, et auxquelles leur sublime résignation donnait presque le droit d'être exaucées.

« M. de La Ferronnays fut, en 1828, ministre des affaires étrangères, puis ambassadeur en Russie, où il eut occasion de faire apprécier ses qualités. Sa loyauté et ses bonnes manières avaient triomphé du caractère de l'empereur Nicolas, qui le traitait en ami. Mais la révolution de Juillet l'obligea à rentrer dans la vie privée, quoique sans fortune et chargé de plusieurs enfants.

« Il répondait alors à une personne qui le félicitait à cette occasion de son noble désintéressement :

« — Votre admiration pour ma conduite est sans motif... Mon premier besoin est toujours de marcher tête levée, même devant nos ennemis ; je mourrais s'il se pouvait trouver un seul homme dans le monde qui se crût en droit de me faire baisser les yeux. »

« Ces fières paroles donnent une idée de son beau caractère. »

Il se retira avec sa femme près de Naples, à Castellamare, où le calme et la solitude, si favorables aux réflexions sérieuses, loin des préoccupations diplomatiques, produisirent de salutaires impressions sur une âme naturellement chrétienne. On pouvait remarquer déjà, dans ses conversations, le travail de la grâce sur ses sentiments qui se modifiaient chaque jour.

C'est ainsi que Dieu se sert souvent de l'épreuve pour ramener à lui les âmes fortes. D'autres malheurs, et surtout la mort de son fils Albert, vinrent encore perfectionner sa résignation, et y ajouter ce je ne sais quoi d'achevé que le malheur donne à la vertu.

A Castellamare, la prière se faisait chaque soir en commun dans sa maison. On la terminait parfois par un cantique composé par l'abbé Gerbert. Voici celui que M. Rio entendit chanter par la voix pure des trois filles de La Ferronnays, et dont l'impression ne s'est jamais effacée de lui:

La nuit, la sombre nuit s'étend sur nos demeures,
Mais pour un cœur qui prie est-il de sombres heures?
   Venez, amis, pleins d'un céleste espoir,
   Faire avec nous la prière du soir.

Dans cette triste vie où tout se décolore,
Si de quelque bonheur vous espérez l'aurore,
   Venez encore, pour garder cet espoir,
   Faire avec nous la prière du soir.

Quand, aux jours douloureux, la nuit se fait dans l'âme,
Quand la joie en vos cœurs laisse mourir sa flamme,
   Ah! revenez, pour retrouver l'espoir,
   Faire avec nous la prière du soir.

Quand votre dernier jour s'éteindra sur la terre,
Ne regrettez pas trop la céleste lumière,
   Et ne songez, plein d'un meilleur espoir,
   Qu'à bien finir la prière du soir.

Écoutons maintenant le comte de La Ferronnays

confesser à Dieu sa longue indifférence de près de cinquante ans :

« Pendant près d'un demi-siècle, j'ai volontairement fermé les yeux pour ne pas voir, et bouché les oreilles pour ne pas entendre. Esclave du démon, je sacrifiais à cet esprit de ténèbres, je lui livrais mon repos, ma vie, ma conscience, mon âme, mon salut. Méconnaissant vos bontés, ô mon Dieu, repoussant la main qui voulait me sauver, et comme acharné à ma propre ruine, je me plaisais à entasser offenses sur offenses, outrages sur outrages ; la masse de mes iniquités, s'élevant comme une montagne immense jusqu'au trône de votre justice, semblait la braver et provoquer vos vengeances. O mon Dieu, jamais, non jamais, aucun de vos enfants ne fut aussi ingrat ni plus coupable que je ne le fus envers vous. Et lorsqu'enfin, rassasié des jouissances empoisonnées du monde, épuisé de lassitude et de dégoût, les glaces de l'âge sont venues me donner un premier avertissement des approches de la vieillesse et de la mort ; lorsque des pensées sérieuses et un commencement d'inquiétude sont venus agiter mon âme, alors, mon Dieu, épouvanté de moi-même, j'ai cru que l'heure du pardon était passée, que des remords, si tardifs et nécessairement si incomplets, ne pouvaient plus désarmer votre colère ; j'allais ajouter à mes offenses celle de douter de votre miséricorde, si, prenant pitié de ma misère, vous n'aviez envoyé à mon secours un guide, un consolateur qui, soutenant mon courage, m'a précipité à vos pieds, m'a appris à mieux vous connaître, à demander grâce et à espérer. »

Ne croirait-on pas lire quelque page des *Confessions de saint Augustin ?* Mais nous avons d'autres détails sur sa conversion et le combat intérieur qui la précéda.

« Les réflexions que j'ai eu le temps de faire, dit-il, pendant la durée de mon long et solitaire voyage, ont enfin porté quelques fruits. En arrivant à Paris, j'étais convaincu, décidé ; cette résolution, cette conviction, ne sont pas l'effet de l'entraînement ni de la précipitation. Ce n'est pas non plus l'éclat d'une lumière capable de m'éblouir qui m'a ouvert les yeux... Toutes les vives émotions que j'ai successivement éprouvées sont venues de moi, je n'y ai cédé qu'après les avoir combattues ; le vieil homme a voulu se défendre, et la lutte a été vive et longue... J'ai passé plusieurs jours dans un état violent et pénible ; puis tout à coup, sans que je sache vous dire ni comment ni pourquoi, je me suis senti tranquille, presque heureux, comme si quelque chose de doux et de calme était descendu dans mon âme : c'était sans doute l'espérance. Je me suis rappelé qu'elle était permise, qu'elle était même prescrite comme devoir, et que le pardon était promis au coupable repentant. J'ai béni, j'ai remercié le ciel de m'avoir envoyé le remords, et avec lui l'espérance de la foi... J'ai eu ensuite une longue entrevue avec votre *ami*. J'ai voulu que l'homme connût l'homme avant que le juge écoutât le coupable ; je lui ai raconté toute l'histoire de ma criminelle vie, et je vous jure que je l'ai fait avec sincérité et sans aucune envie de me disculper. J'éprouvai une sorte de bien-être à faire ces confidences sans les mettre sous la garantie du secret : en me livrant ainsi, il me semble que j'expiais quelque chose. Après ces aveux faits à l'homme, il ne m'a été ni pénible ni difficile de les répéter aux pieds du juge qui a reçu la noble mission, le consolant pouvoir d'absoudre et de pardonner. Ma vanité habituelle a voulu cependant un moment se révolter ; un meilleur sentiment l'a surmontée, et j'ai l'espoir que Dieu, qui lisait au fond de mon cœur, a vu mon repentir sincère. Voilà, mon ami, où j'en suis depuis dix jours. Ma raison, soumise sans doute par la grâce, ne me demande plus compte de rien de ce que je crois, mon esprit ne se perd plus en de vaines analyses, je crois tout simplement, et je trouve qu'il est doux et bon de croire ce qui ne commande que le bien et ne permet que le bonheur. »

Ce fut là, continue un de ses amis, une grande et solennelle époque dans la vie du comte de La Ferronnays.

Cette résolution prise une fois, il la suivit, il la poussa jusqu'au bout, en ligne droite : rien ne put l'arrêter, ni faire fléchir son courage.

Il crut, et dès ce jour toutes les actions de sa vie s'élevèrent à la hauteur de sa foi. Les terreurs du respect humain, d'ordinaire si fatalement puissantes sur les hommes qui se sont trouvés mêlés aux grands mouvements des affaires publiques, n'approchèrent jamais de son noble cœur.

Il y avait trop de bonheur, et, selon lui, trop d'honneur à posséder la vérité catholique, pour ne pas marcher la tête haute à sa divine lumière. Certes, c'était une grande et noble nature que celle du comte de La Ferronnays, mais le christianisme pratique, en le pénétrant de sa vie puissante, en avait doublé la noblesse et la grandeur.

Comme il sait apprécier le rôle de la religion dans le malheur ! « Que demander aux hommes et que peut-on attendre d'eux dans les grandes crises de l'âme? La religion seule, et toujours elle, sait dire les mots que le cœur déchiré a besoin d'entendre ; seule, elle a le droit et le pouvoir de faire couler les larmes sans trop d'amertume ; seule, elle peut oser parler d'espérance à côté du désespoir; seule, aussi, elle peut promettre l'avenir à ceux qui n'ont plus de passé ni de présent... Oh ! que je plains ceux qui souffrent et sont assez malheureux pour conserver des doutes sur ces grandes et consolantes vérités ! Chaque fois qu'une douleur nouvelle vient assaillir le cœur, qu'il doit être triste de ne savoir de quel côté tourner ses regards, et d'être obligé de rester seul aux prises avec le malheur et le désespoir ! L'âme chrétienne, au contraire, trouve toujours un sûr refuge au pied de la croix ; elle vient y répandre ses larmes, raconter ses douleurs, puiser la force et le courage de la résignation, qui serait impossible sans la foi qui donne l'espérance... »

Quelles sublimes paroles il laisse tomber sur un grand personnage arrivé, chargé de honte, aux dernières limites d'une vie de désordres :

« Cette tête, autrefois si haute, si insolente, maintenant courbée sur la tombe; ce grand spirituel, méchant et toujours libertin, aujourd'hui morne, éteint, hébété ; toute cette lente et humiliante décomposition d'une organisation dont on fut si fier et dont on abusa si effrontément : voilà des leçons ! Eh bien ! mon ami, cette décrépitude, cette mort morale, cette fin presque rebutante d'une vie scandaleuse, le monde s'en dégoûte, s'en écarte avec horreur, avec mépris ou pitié !

« Mais Dieu est là ! Il ne juge pas comme le monde ; d'un mot, d'un regard, il relève, il régé-

Castellamare

nère, il sanctifie cette âme égarée ; et celui que nous regardons avec tant de dédain, avec une pitié si souvent insultante, s'il a pu élever une fois son cœur et ses yeux vers le ciel, cet homme si loin, peut-être déjà sa place marquée là-haut. Encore quelques jours de souffrances et d'humiliations, et peut-être ce sera lui qui nous regardera en pitié !

« Voilà pourtant ce que notre sublime religion nous oblige de croire ; et ces gens vous disent que c'est une niaiserie ! Ils tuent, ils flétrissent et vous livrent au néant ! Voilà ce qu'on nomme philosophie, amour de la sagesse ! »

En aucun temps, l'éclat des grandeurs, ni la gloire d'un rôle important dans les conseils où s'agitaient les destinées de la France et de l'Europe, n'avaient tenté l'ambition de M. de La Ferronnays.

Le jour même de sa nomination au ministère des affaires étrangères, il écrivait : « Mon ami, je suis bien triste et bien malheureux ! Malgré toutes mes résolutions, j'ai accepté cette terrible place. J'aurais résisté peut-être aux ordres du roi ; j'ai cédé à sa tristesse, à sa bonté, et me voilà enchaîné. Vous lirez ce matin ma sentence dans le *Moniteur*, et vous pourrez dire que dans ma nouvelle position, qui sera si enviée par tant de monde, il n'y a pas d'homme en France qui se trouve plus à plaindre et plus malheureux... Si jamais on vous dit que je suis un ambitieux, que j'aime ce qu'on nomme les honneurs, l'importance des places, enfin toutes ces niaiseries humaines pour lesquelles on se bat et l'on bouleverse les empires, pressez-vous bien vite de dire que l'on a menti. »

Jamais il n'a mieux compris le prix du temps que depuis sa conversion : « A mon âge et avec un terrible passé, les minutes sont d'un prix immense, on redoute tout ce qui peut détourner ou dénaturer l'emploi d'une seule de ces minutes précieuses. J'ai perdu tant de temps, que tout ce qui peut m'arrêter ou me faire reculer peut me mettre dans le cas d'être surpris avant d'être arrivé. Tout cela n'est sérieux que pour moi ; les politiques de salon et les rédacteurs de journaux n'y pensent guère, et, en me poussant comme ils le font, il leur importe peu où je tomberai. *Mais il m'importe, à moi!* Aussi ils peuvent être sûrs, qu'à moins que je ne me sente convaincu de la volonté de Dieu, aucune considération ne me fera céder. »

C'est à Rome que devait finir cette noble existence, à Rome dont La Ferronnays avait écrit : « Pour une âme catholique, Rome n'est que Rome catholique ; c'est le pays des souvenirs catholiques, des miracles catholiques, des méditations, des inspirations, des espérances catholiques. Ici, la foi se raffermit ; ici, le catholique soulève en quelque sorte un coin du voile qui couvre les sublimes mystères de notre admirable religion ; ici, l'âme catholique pénètre d'une vue claire et distincte le néant de toutes les grandeurs du monde, le vide de toutes ses gloires : elle respire l'air calme et pur de l'immuable éternité ! J'ai vu Rome trois fois, lorsque mon cœur était encore glacé par les ténèbres de l'indifférence religieuse ; et comme d'ailleurs je n'étais ni artiste, ni poète, trois fois je me suis mortellement ennuyé, comme je me serais ennuyé d'écouter un discours dans une langue que je ne comprends pas. Cette fois, j'ai le sens qui fait voir, entendre, comprendre, pressentir. Mes journées sont trop courtes ; je suis avide de voir et de savoir ; mon âme est pleine d'émotions religieuses et d'autant plus vives qu'elles sont toutes nouvelles pour moi. Je demande à Dieu qu'il m'accorde la grâce d'y revenir. Oh! oui, c'est à Rome que je voudrais vivre et *mourir !* »

Et Dieu lui a fait cette grâce. Il est revenu à Rome pour y vivre quelque temps et y mourir.

Le soir d'une brillante fête à l'ambassade d'Autriche, M. de La Ferronnays se disposait à s'y rendre quand tout à coup il se trouve mal. L'abbé Gerbet vient à la hâte, et à quelques questions que lui fait le prêtre, le malade répond : « Oh ! oui, je me repens de tous mes péchés. Oh ! oui, j'aime Dieu de tout mon cœur ! » Et prenant le crucifix, il le presse contre ses lèvres et répète cette simple invocation : « Mon Dieu, ayez pitié de moi ! Sainte Vierge, priez pour moi ; venez à mon aide ! »

Il avait eu le bonheur de communier la veille. Après avoir reçu de nouveau l'absolution, son regard calme et serein n'exprime plus que le calme, la paix divine, la joie céleste de son âme : « Comme je suis heureux maintenant, répète-t-il d'une voix éteinte, comme je suis heureux ! » Et quelques minutes après, cette âme si belle et si chrétienne paraissait devant Dieu.

Sa mort a fait répandre bien des larmes. Il était si universellement estimé et aimé ! Plusieurs prélats, des amis nombreux, d'illustres étrangers, les ambassadeurs de France et d'Autriche, tout ce que Rome comptait de grands personnages, ont formé le cortège de ses funérailles.

Mgr Dupanloup a dit de lui : « M. de La Ferronnays est mort au milieu d'un acte d'amour parfait, qui l'a amené à l'instant dans le sein de Dieu. » Il avait épousé une femme protestante : il échangea sa vie contre la conversion de cette âme, et Dieu agréa le sacrifice.

FLANDRIN

PEINTRE, DE L'INSTITUT

(1809-1864)

> « La foi en l'art n'eût pas suffi à soutenir et à inspirer son courage, il fallait aussi la foi en Dieu. »
> (V. FOURNEL.)

Jean-Hippolyte Flandrin, né à Lyon, fit ses premières études sous un excellent maître, le peintre Magnin ; il remporta de bonne heure de grands succès et mérita d'être admis à l'Académie de Lyon.

Venu à Paris en 1829, Flandrin avait fréquenté l'école de M. Ingres, dont il fut un des meilleurs élèves. En dehors de ses travaux d'atelier, le jeune artiste dut se livrer à de fréquentes études pour acquérir l'instruction dont son enfance avait été privée. Sans parler des Livres saints, il étudiait les poèmes antiques et se familiarisait avec l'histoire.

Trois années d'études s'écoulèrent ainsi à Paris, dans lesquelles Hippolyte Flandrin avait épuisé, dans son art, tout ce qui pouvait s'apprendre.

A l'école des Beaux-Arts, où il avait été admis dès le mois d'octobre 1829, plusieurs médailles récompensèrent et constatèrent ses progrès. En 1832, pressé par M. Ingres, qui, sûr du talent de son élève, s'était promis cette victoire prochaine, il se présenta au concours du grand prix : reçu le cinquième, il entra en loge.

Le choléra sévissait alors cruellement. Un des concurrents fut emporté. Flandrin lui-même, affaibli par les privations et le travail, fut atteint par l'influence épidémique. A bout de forces, il dut s'arrêter ; mais il se raidit, et un suprême effort de courage lui permit de continuer son tableau. Sa pureté de conscience, si rare à cet âge et dans un tel milieu, aidée de sa confiance en Dieu, contribua certainement à soutenir ce courage, ce mépris de toute crainte.

On le voyait chaque jour se traîner, appuyé sur le bras de son frère, jusqu'au seuil de l'école, d'où il devait, après tant d'énergiques efforts, sortir enfin vainqueur des autres comme de lui-même : il obint le grand prix de Rome.

Le voilà donc pensionnaire de France dans la Ville éternelle, habitant un palais et se perfectionnant à l'école des grands maîtres de l'art chrétien. On pourrait ajouter des choses touchantes, magnifiques, sur son séjour à Rome et les impressions religieuses qu'il exprime dans ses lettres. C'est toujours le même cœur, le même amour du travail et la même piété.

« Dans ses grands travaux, dit M. Victor Fournel, Flandrin avait deux inspirations : l'une qui lui venait de ses études et de son talent, l'autre, plus haute encore, qui lui venait de son âme et de ses croyances. Quoi qu'en puisse penser cette école éclectique, qu'on voit chaque année exposer au Salon des Bacchantes et des saintes Familles côte à côte, il n'est pas inutile de savoir son catéchisme et de lire l'Évangile de temps en temps pour peindre Dieu, la Vierge et les saints. Pourquoi Flandrin se meut-il si à l'aise dans ces hautes régions de l'art religieux? D'où vient cette émotion si communicative, quoique si continue, cet attendrissement contagieux, que le talent seul est impuissant à produire?

« C'est qu'on se sent en présence d'un autre Fra Angélico qui s'est agenouillé devant son œuvre pour demander à Dieu de le rendre digne de lui, et qui a éprouvé lui-même les sentiments qu'il inspire...

« Oui, le fils qui écrivait en toute simplicité à sa mère : « Paul et moi nous avons fait hier nos Pâques « ensemble ; » le frère qui écrivait à son frère : « Sou-« viens-toi que nous sommes convenus de prier tous « les soirs les uns pour les autres ; » le père qui écrivait à son fils, en se séparant de lui pour la première fois, ces simples mots que je défie les plus sceptiques de lire sans être touchés d'une émotion secrète : « Mon cher Auguste, mon cher enfant, lorsque tu « sentiras quelque tristesse, quelque découragement, « ou si, par malheur, quelques mauvais exemples « t'étaient donnés, pour prendre courage ou pour fuir « le mal, pense à Dieu qui t'a déjà fait tant de grâces, « à la sainte Vierge, qui te protège, à ta bonne et « tendre mère, à ton père, dont ta bonne conduite et « tes succès peuvent faire le bonheur ; » l'artiste qui avait inscrit à Rome, sur les murailles de son atelier, cette citation du Prophète : « Seigneur, vous m'avez « inondé de joie par le spectacle de vos ouvrages, « je serai heureux en chantant les œuvres de vos « mains, » et qui plus tard, en décorant l'église Saint-Paul, à Nîmes, plaçait sur le cœur du Christ, en les cachant dans un pli de la draperie, les noms de ce qu'il avait de plus cher au monde, Hippolyte

Flandrin, en un mot, était un chrétien que l'éducation de son âme, comme celle de son esprit, avait préparé à devenir le régénérateur de la peinture religieuse en France. Même en se bornant à l'appréciation de son talent, il importe d'appuyer sur ce point, qui a une grande signification. »

Il passa cinq années dans la capitale du monde catholique. C'est là que son talent a acquis tout son développement.

Désormais regardé à juste titre comme le restaurateur de l'art chrétien en France, il épanche dans ses compositions le feu sacré dont il est embrasé. Son tableau de *Jésus et les petits enfants* est un chef-d'œuvre qui fonda sa haute réputation.

Il la soutint dignement.

Pour s'en convaincre, il faut voir surtout les nombreuses peintures murales qu'il exécuta à Saint-Germain-des-Prés, à Saint-Vincent de Paul, à la chapelle Saint-Jean, dans l'église Saint-Séverin à Paris, ainsi que dans les églises de Lyon et de Nîmes. « Sa vie, dit un historien, s'est usée à orner des temples, car il était chrétien avant tout. »

« Flandrin, poursuit Victor Fournel, va pour ainsi dire passer le reste de son existence sous les voûtes de ces églises transformées par lui en musées de l'art chrétien, sur ces échafaudages où il prolongera souvent le travail du jour jusqu'au milieu de la nuit, à la lueur d'une lampe qui était digne de veiller à côté de celle du sanctuaire, et où, par un miracle d'énergie, il forcera son corps débile à se faire quelquefois pendant quinze heures de suite l'instrument soumis de sa pensée.

Saint Louis recevant la bénédiction de l'archevêque de Paris.
(Tableau d'Hipp. Flandrin.)

« Quand l'architecte de la cathédrale de Cologne mourut, épuisé par sa tâche avant d'avoir pu l'achever, il demanda en grâce, raconte la légende, qu'on l'enterrât dans son église pour la voir encore du fond de son tombeau. A la dernière heure, l'âme de Flandrin dut se tourner de même vers ce sanctuaire de Saint-Germain-des-Prés, dont il n'a pas eu la joie de terminer la décoration, et le monument qu'on lui a élevé sous ces voûtes, animées de son pinceau, lui était doublement dû; car si c'est là qu'il a écrit son plus beau titre de gloire, c'est là aussi qu'il a dépensé, en un suprême effort, tout ce qui lui restait de force et de vie. »

Les principales œuvres du grand artiste sont aussi: *Dante conduit par Virgile*, *Saint Clair guérissant les aveugles*, *Saint Louis prenant la croix*, *Napoléon législateur*, tableau commandé pour le Conseil d'État. Flandrin a peint également de beaux portraits.

Dans l'intervalle de ses grands travaux, il a fait un *Voyage en Perse* et un *Voyage à Ninive*, dans lesquels il a décrit et dessiné des ruines assyriennes et persanes. Son dessin est toujours très pur, sa composition savante et son expression élevée mais contenue. D'autres raconteront plus longuement ses œuvres si remarquables; pour nous, nous ne voulons qu'esquisser son caractère chrétien et sa physionomie religieuse.

Deux traits distinctifs brillent surtout dans la figure de cet artiste: l'esprit chrétien et l'énergie de la volonté appuyée sur la foi.

« Tout l'effort de son génie, a écrit M. de Beaulieu, tendait à fixer sur la toile ses propres aspirations vers le beau et vers le bien, dans la forme comme dans la pensée. L'ardeur de sa foi donnait la vie à ses figures, nimbait ses prophètes et ses martyrs du rayonnement intérieur de son âme et drapait chastement ses vierges dans les longs plis gracieux de leur robe. »

Pendant le terrible hiver de 1829 à 1830, où la Seine rappela la Néva, Flandrin habita sans feu une chambre sous les toits, à peine éclairée par une lampe allumée pour le travail. Sa religion l'empêchait de se plaindre à sa famille : son frère seul fut le dépositaire de ses peines et de sa confiance en Dieu; la prière était sa consolation.

« Souviens-toi, écrivait-il, que tous les soirs nous sommes convenus de prier les uns pour les autres. C'est à quoi je ne manque jamais ; je suis bien sûr que notre pauvre maman n'y manque guère. »

Lors de son séjour à Rome, à la villa Médicis, l'artiste chrétien partagea son temps entre ses études de peinture, la lecture et la prière.

« Flandrin, dit un biographe, comme tous les esprits supérieurs, possédait la compréhension des vérités abstractives et des vérités rationnelles ; la méditation des Livres saints, dans laquelle il cherchait ses inspirations d'artiste et retrempait sa foi de chrétien, développa la perception et le sentiment, qui se transformèrent peu à peu et devinrent certitude et délicatesse.

« Sa maladie seule interrompit souvent l'œuvre commencée ; tantôt l'excès du travail, tantôt la fièvre, surtout pendant la dernière année, condamnèrent à l'inaction le peintre laborieux. Mais quelle que fût l'acuité de ses souffrances, la main de Flandrin ne trahit jamais sa volonté. L'œil le plus malignement exercé ne put reconnaître aucune défaillance sur tel morceau abandonné, repris, repris encore après les accès de fièvre et de névralgies...

« Souvent blessé, jamais abattu, Flandrin reprenait aux sources fécondes de la famille et de la religion de nouvelles forces pour chaque œuvre nouvelle. Sa foi de chrétien pénétrait sa foi d'artiste, et ne s'affirmait jamais que par la mansuétude et le désir d'être utile. Lui, si avare de son temps, le dépensait sans songer lorsqu'il s'agissait de s'employer pour ceux qui s'adressaient à lui pour solliciter des travaux ; et comme *Celui* qu'il ne peignit si bien que parce qu'il vivait de son esprit, on peut dire que Flandrin passa *en bien faisant...* »

Suivant les paroles éloquentes de l'évêque de Nîmes dans sa lettre circulaire sur la mort du peintre :

« Flandrin contemplait dans la lumière éternelle ce Christ, ces anges, ces martyrs, ces vierges, dont sa palette a laissé de si belles et de si chastes images. »

« Ame angélique et cœur fort, il est la dernière et lumineuse expression de l'art chrétien dans notre siècle athée. Frère de Giotto et de Cimabue, il les surpassa par la science, comme il surpassa Raphaël lui-même dans l'expression de la pureté et de l'idéal séraphique, parce qu'il les portait en lui comme Eustache Lesueur et Fra Angelico. Son talent fut une vocation, et tout ce qui porte en soi l'amour du beau salue dans le peintre des cathédrales le dernier maître de l'art religieux des temps modernes, art qui va maintenant détournant les yeux d'en haut pour chercher au plus bas des foules un modèle pour son christ humain et pour ses vierges naturalistes [1]. »

Sur la fin de sa vie, Rome, qu'il avait tant aimée, le rappela dans ses murs. Il y retourna avec sa jeune famille, que le pape bénit d'une bénédiction spéciale. C'est là que Flandrin termina dignement sa belle et laborieuse carrière le 24 mars 1864.

[1] C. de Beaulieu.

GALITZIN

PRINCE RUSSE, MISSIONNAIRE

(1770-1840)

> « L'Église romaine s'élevait devant lui comme un arbre vigoureux planté dans le sol ferme de l'Écriture et de la tradition. » (*Son historien.*)

L'héritier d'une famille princière de Russie élevé dans le schisme et converti à la fleur de sa jeunesse à la vraie religion, une carrière et toutes les espérances du monde sacrifiées pour les labeurs inconnus d'un obscur apostolat au fond des forêts d'Amérique, une fervente et nombreuse communauté catholique fondée et développée au milieu de difficultés sans nombre par l'énergie de cet homme intrépide, c'est le sujet d'un livre plein d'intérêt que la fille d'un publiciste distingué des États-Unis a publié il y a dix ans, et que nous voulons résumer ici, pour présenter son héros à l'admiration du lecteur.

Dmitri Galitzin naquit à la Haye, le 22 décembre 1770. Le prince Galitzin, son père, ambassadeur de Russie en Hollande, avait rempli ces mêmes fonctions à Paris, où il s'était lié d'amitié avec Diderot, Voltaire et d'Alembert. Sa mère était catholique par son baptême, mais elle n'avait pas fait même sa première communion. Elle éleva ses enfants en dehors de tout principe religieux et à la manière de Socrate, qu'elle admirait. Le jeune Dmitri était obligé de se servir lui-même, de se baigner chaque matin dans l'eau froide, et rendait compte de sa conduite à sa mère chaque jour d'après la méthode de Socrate. Plus tard il alla faire ses classes à Genève ; il étudia avec succès les langues, les sciences, la philosophie, et se prépara à la carrière militaire en s'exerçant à manier les armes. Ses maîtres, qui étaient catholiques, avaient défense de lui parler de religion.

Cependant, après s'être convertie, sa mère pensa à son cher Dmitri élevé jusque-là sans religion.

Mais, hélas! comme sainte Monique, elle n'avait que ses larmes pour toucher Dieu et vaincre son fils. Longtemps ses efforts furent inutiles.

Cependant le jeune prince, qui voyait ses parents et ses amis les uns schismatiques ou protestants, les autres catholiques, réfléchissait en silence sur cette diversité de croyances. Déjà la grâce agissait en lui. L'Église romaine s'élevait à ses yeux comme un arbre vigoureux planté dans le sol ferme de l'Écriture et de la tradition, au lieu que la prétendue réforme et l'orthodoxie russe, branches détachées du tronc à une époque de l'histoire, ne vivent plus que d'un reste de sève et n'ont point de racines.

Il fut vite éclairé, parce qu'il cherchait sincèrement la lumière, et dès lors, sourd à la voix de l'ambition et à toute considération humaine, il suivit l'exemple de sa mère. Il songea même à se faire prêtre ; mais cette pensée ayant indigné son père, il se décida à prendre du service dans l'armée autrichienne. Peu de temps après, sur les conseils de son oncle, le général de Schmettau, il fut envoyé en Amérique en compagnie d'un jeune prêtre qui se rendait aux États-Unis comme missionnaire.

La traversée dura plus de deux mois. Que se passa-t-il dans le cœur du jeune Galitzin alors âgé de vingt-deux ans? Quelles réflexions fit-il pendant ces longues journées de mer? Nous ne savons; mais, lorsqu'il aborda à Baltimore, c'était un homme entièrement nouveau : dès son arrivée, il entre au grand séminaire de cette ville.

Cette nouvelle, parvenue en Europe, étonna tous les parents et les amis de Galitzin. Sa mère s'en alarmait, dans la crainte qu'il était indigne de cette sublime fonction; son père s'irritait d'abord à la pensée que tous ses projets d'ambition et ses espérances d'avenir étaient ruinés; enfin, apaisé par les princes et les princesses de la famille qui étaient catholiques, il se résigna et plus tard félicita son fils. Les études de théologie terminées et ordonné prêtre, Dmitri Galitzin entra dans la société de Saint-Sulpice, qui l'appliqua au saint ministère à Baltimore.

Puis, par des circonstances providentielles, il fut amené à évangéliser des peuplades presque sauvages en plusieurs parties du nouveau monde, dans la Pensylvanie, la Virginie et le Maryland.

Il eut souvent à lutter contre son propre esprit de rigorisme et de dureté, qui était le fruit des exigences de sa mère et de sa première éducation : son évêque le rappela même à la modération et à la douceur. Le jeune prêtre, après de grands efforts de volonté, réussit enfin à se contenir dans une certaine mesure, et son ministère devint plus fructueux. Il fut chargé d'une paroisse nouvelle qui venait d'être créée sur le penchant d'une colline. On lui construisit une cabane de bois : c'était le manoir du prince Dmitri, héritier de tant de terres et de châteaux.

Son premier soin fut de bâtir une église. Ses paroissiens le secondèrent avec tant d'ardeur qu'il put y célébrer à Noël la messe de minuit, le 25 décembre 1799. « La neige couvrait au loin la terre, écrit un de ses biographes, les étoiles scintillaient dans le ciel froid et pur, les gens accourus de vingt et trente milles de distance n'étaient point à l'étroit dans cette petite chapelle. C'étaient de vieux chasseurs, des trafiquants de marchandises indiennes, qui n'en savaient pas beaucoup plus sur Dieu que les sauvages avec lesquels ils avaient affaire. Ils admiraient ces murs grossiers, ornés de branches vertes à travers lesquelles étincelaient de nombreux flambeaux. A minuit l'heureux pasteur de ce petit troupeau montait à l'autel; de sa voix magnifique il entonna la grand'messe et chanta le triomphant *Gloria in excelsis* si convenable en cette solennité, dans cette nouvelle étable de Bethléhem. Comme les muettes créatures qu'on représente auprès de la crèche où fut déposé le Sauveur nouveau-né, les assistants, revêtus des dépouilles des bêtes fauves qu'ils avaient tuées, regardaient en silence, sans comprendre ce qu'ils voyaient, lorsque enfin le prêtre, s'étant retourné, leur annonça que Dieu était descendu petit enfant sur la terre, que nos cœurs doivent être son berceau, que sa lumière pénètre en nos âmes comme dans une grotte obscure pour dissiper la nuit de notre ignorance.

« La haute contenance du prince missionnaire, le

feu de ses yeux, ses accents vibrants et sonores sortis d'une poitrine émue, faisaient sur tous les assistants une impression profonde. »

Le généreux prêtre dépensait en œuvres de religion et de bienfaisance tout l'argent que sa mère lui envoyait et qu'il recevait difficilement, à cause de la guerre entre l'Angleterre et la France. Son père étant mort en 1803, sa mère lui écrivit de venir réclamer son héritage paternel. Mais cet homme de zèle craignait de voir son œuvre d'apostolat compromise par son absence, et il écrivit à sa mère : « Je conviens que ma rentrée peut être utile au point de vue temporel, mais je ne saurais mettre cet avantage en balance avec la perte d'une seule âme, que mon absence pourrait occasionner. »

Et la mère, heureuse d'avoir un tel fils pour apôtre, l'en félicita vivement. Elle mourut en 1806. Le prince en fut profondément affecté et la pleura toute sa vie.

Voyant tarir avec elle la source de ses bonnes œuvres, il restait sans fortune; car, en devenant prêtre, il avait perdu tous ses droits à l'héritage paternel. Ce fut pour lui et pour ses paroissiens, qui en profitaient de mille manières, une grande et continuelle épreuve.

Un autre genre d'épreuves plus pénibles pour l'âme délicate et élevée de Galitzin, ce furent les accusations calomnieuses dont il fut l'objet. L'âpreté de son caractère les avait fait naître. Il avait beau combattre les vivacités de son fougueux caractère, sa réputation en devenait souvent la victime. Heureusement il put obtenir justice des bruits les plus calomnieux. Ses persécuteurs ne s'arrêtèrent pas là.

Voyant que la ruse et la calomnie étaient inutiles, ils eurent recours à la violence. Une fois, trois misérables, armés, vinrent pour l'arracher à l'autel; une autre fois ils attaquèrent son presbytère, mais, grâce à Dieu, il échappa à tous ces dangers, et le démon, furieux, suscita contre lui les ministres protestants de la contrée. Les principaux d'entre eux se répandirent en attaques contre l'Église catholique et son ministre, soit par des discours, soit par des pamphlets ou par des journaux. Le prince-apôtre répondit à tout et à tous. Sa réfutation consista dans une suite de lettres qui firent sensation et éclairèrent les esprits de bonne foi. Des protestants notables, des avocats et des magistrats se laissèrent persuader par la force de ses raisons autant que par la dignité de ses manières et les grâces de son esprit. Il en convertit un grand nombre.

Ces succès attirèrent les yeux sur lui, et plusieurs fois on lui offrit l'épiscopat; mais il ne put se résoudre à accepter, soit par humilité, soit parce qu'il croyait se rendre plus utile à l'Église dans sa paroisse de Loretto. Il accepta seulement les pouvoirs de vicaire général qui lui furent confiés par ses évêques.

Voici le témoignage que lui a rendu l'évêque de Philadelphie : « Loretto est la demeure du célèbre missionnaire, comte Galitzin, au milieu d'une population catholique fort nombreuse. Il y a plus de trente ans que cet homme vénérable a choisi le sommet des montagnes Alleghany pour sa retraite, ou plutôt pour le centre de sa mission. De là il allait de temps en temps donner les secours de la religion aux catholiques épars sur son immense territoire, où cinq prêtres maintenant sont occupés. Le nombre des fidèles était peu considérable à son arrivée, mais sa persévérance a été couronnée des bénédictions célestes : les montagnes sont devenues fertiles et les forêts florissantes. Beaucoup de protestants ont suivi son exemple en renonçant à l'erreur, et les catholiques sont venus de tous côtés pour se confier aux soins paternels d'un prêtre dont la vie humble et pure les excite à la vertu. »

Son nom est resté célèbre dans ce pays où passe aujourd'hui le chemin de fer central de Pensylvanie ; sa paroisse de Loretto s'étend au-dessus du plus long tunnel de cette voie ferrée, et la compagnie qui l'a construit lui a donné le nom du prince-pasteur de l'Alleghany : Galitzin.

GARCIA MORENO

SÉNATEUR, PRÉSIDENT DE LA RÉPUBLIQUE DE L'ÉQUATEUR

(1821-1875)

> « Le saint est mort! » s'écriait-on de toutes parts. Le saint, voilà le mot qui explique tout. Garcia Moreno était un chrétien complet. »
>
> (J. CHANTREL.)

Garcia Moreno était un de ces chrétiens de forte race qui ne transigent jamais avec leur devoir, et qui, convaincus que la religion est la vie des sociétés et des empires comme elle l'est des individus, veulent que le pouvoir s'inspire de ses sentiments et se fasse le défenseur de ses droits.

Garcia Moreno naquit en 1821, à Guayaquil. Son père était Espagnol, sa mère était tante du cardinal Moreno. Le jeune Garcia fut élevé au collège de Quito; il y fit de brillantes études et se distingua par-dessus tous ses condisciples. Il excellait dans toutes les sciences, surtout dans les mathématiques. En 1850, Garcia avait parcouru la France, l'Angleterre et l'Allemagne. A son retour en Amérique, il rencontra sur les côtes de la Nouvelle-Grenade les jésuites que cette république venait d'expulser, et s'aperçut qu'ils n'étaient pas tels qu'on les lui avait dépeints. Il les emmena dans sa patrie, et obtint du chef de l'État de l'Équateur qu'ils pussent s'y établir.

Mais le général Urbina suscita, peu après, une révolution et proscrivit les jésuites. Ce fut alors dans l'Équateur le règne d'abus révoltants. Garcia Moreno fonda un journal pour protester : Urbina répondit à la façon des révolutionnaires qui prêchent la liberté et ne la pratiquent point, il fit arrêter Moreno; puis, sans procès, le jeta brutalement dans l'exil.

En 1854, l'exilé vint en France et y continua ses chères études, que les révolutions ne lui faisaient point négliger. On le vit longtemps à Paris suivre régulièrement tous les cours. Le dimanche il ne manquait pas les offices de Saint-Sulpice, sa paroisse. Jamais il ne fréquentait les théâtres : ce n'est pas à cette école que se forment les grandes âmes.

Il quitta la France en 1857. Urbina était tombé du pouvoir, Moreno pouvait retourner dans sa patrie. A peine arrivé, Quito le choisit pour alcade, et le corps des docteurs pour recteur de l'Université. Il fonda alors un cours de chimie qu'il voulut lui-même professer.

Quito le nomma bientôt sénateur. Comme il s'était rendu à Guayaquil, pour assister au congrès, ses ennemis le saisirent et le proscrivirent pour la troisième fois. Mais l'indignation contre ces révolutionnaires était à son comble. Un mouvement se fit par la seule force des choses, et le gouvernement croula sous le mépris public. Trois consuls furent nommés pour le remplacer : Garcia Moreno fut le premier. Quand la pacification fut complète, le premier consul gouverna sous le nom de dictateur jusqu'à la réunion de la Convention de 1861. C'est cette convention qui le nomma président de la République de l'Équateur.

En 1861, les affaires de ce petit État, qui compte à peine un million d'habitants, étaient misérables. Le désordre se retrouvait dans toutes les administrations : l'armée, ramassis de nègres et de mulâtres, faisait l'effroi des populations paisibles; l'instruction était presque nulle, celle des filles complètement négligée; les mœurs offraient le mélange de la cruauté et de la corruption; le trésor public était réduit à emprunter à vingt pour cent.

Sous le gouvernement de Garcia Moreno tout fut changé. Les intérêts se rassurèrent, le commerce prit de l'essor, les sources de la richesse publique se rouvrirent de toutes parts. Un concordat fut conclu avec le Saint-Siège, les couvents furent rouverts, des collèges furent établis sous la direction des jésuites dans plusieurs centres populeux, les hôpitaux dotés et leur service assuré pour les plus pauvres.

Un jour, on dit à Garcia Moreno que le directeur de l'hôpital de Quito refuse de donner un lit à un malade indigent. La grande âme de Garcia s'indigne. Il destitue ce directeur indigne et se fait nommer à sa place. Depuis ce temps on put voir chaque jour le président de la République visiter humblement son hôpital, et veiller aux plus petits détails.

L'armée lui donna plus de mal. Composée comme elle l'était, elle fut rude à discipliner. Il fallut réprimer plusieurs mouvements de révolte; mais ils le furent toujours promptement, énergiquement.

Garcia apprend un jour que le général Urbina vient de s'emparer du seul vaisseau de guerre que possédait l'Équateur. Aussitôt le plan de Moreno est fait; il dicte quelques ordres et part. Il arrive au port

Garcia Moreno.

de Jambelli, requiert un navire anglais qui s'y trouvait, l'arme en guerre, fait monter à bord des hommes choisis, entend la messe, communie et va droit à l'ennemi.

Quand les rebelles vinrent à sa rencontre, ils amenaient cinq vaisseaux contre le sien. Garcia, avec son navire de guerre improvisé, se jeta sur le plus fort et l'enleva à l'abordage : ce fut rapide et terrible comme la foudre. Les autres vaisseaux, épouvantés, n'osèrent pas même s'enfuir; ils furent pris avec les douze cents hommes qui les montaient.

Une autre fois, une ville s'était révoltée à l'instigation d'un chef militaire. A cette nouvelle, Garcia Moreno part seul, pénètre seul dans la ville et se présente seul encore devant le traître déconcerté. C'était assez : le rebelle se rendit en prison sans résistance. Étonnant empire de cet énergique caractère !

Garcia Moreno quitta le pouvoir en 1863, comme le voulait la Constitution. Mais sa présence dans les conseils du gouvernement suffit à la continuation de son œuvre. En 1869, il fut réélu président; il voulait décliner cet honneur, mais l'assemblée s'étant transportée tout entière près de lui pour le supplier d'accepter, il dut céder.

Alors, sous son énergique impulsion, s'acheva la transformation de l'Équateur. Les revenus publics, autrefois si modiques, atteignirent jusqu'à quinze millions de francs. Des travaux considérables furent exécutés. École polytechnique, école des beaux-arts, conservatoire de musique, observatoire, écoles, orphelinats, hôpitaux, prisons, tout s'éleva avec une rapidité extraordinaire. Un chemin de fer, des routes carrossables, des ponts nombreux furent construits.

Les écoles surtout devinrent de plus en plus florissantes. En 1857, presque aucun élève ne les fréquentait; en 1867, le nombre des élèves était de treize mille et en 1875 de trente-deux mille.

Pour gouverner, Garcia Moreno ne recherchait qu'un appui, le plus sûr : Dieu. Il était avant tout et partout, dans sa vie publique comme dans sa vie privée, un catholique sincèrement dévoué à l'Église et au Pape, et il ne craignait pas de le montrer dans la gestion des affaires de l'État. Seul, parmi tous les hommes politiques, il avait protesté contre l'envahissement de Rome, et après avoir consacré solennellement sa République au Cœur de Jésus, il payait la dîme des impôts au souverain pontife. Un article de la Constitution refusait même le titre de citoyen de l'Équateur à tous ceux qui ne pratiquaient pas la religion catholique. Toutes les lois, les mœurs, les institutions de ce pays privilégié étaient vivifiées par des doctrines surnaturelles. Les plus beaux exemples de piété étaient donnés par le président, par les plus hauts fonctionnaires et les hommes les plus influents, et ainsi la République voyait s'écouler ses jours au milieu d'une prospérité toujours croissante.

La révolution ne pouvait laisser en paix plus longtemps un État fondé sur des doctrines si opposées aux siennes. Elle essaya de fomenter des révoltes; Moreno, aussi habile qu'intrépide, les réprima aussitôt avec vigueur. Pour la troisième fois, le président vit renouveler ses pouvoirs par un vote unanime. La révolution n'avait d'autres moyens de se défaire de lui que l'assassinat : elle résolut de l'employer.

Moreno le savait, et disait quelquefois : « On me tuera. » Mais cette prévision ne le détournait pas de son devoir, seulement elle déconcertait les traîtres; ils n'osaient rien en face, ils soudoyèrent des assassins.

C'était le 6 août 1875. Le Président venait d'écrire son dernier message au congrès de la République. Il était sorti du palais : les assassins le suivaient.

En passant devant la cathédrale, Garcia, voyant les portes ouvertes, y entra et s'agenouilla pour prier. Comme il tardait à sortir, les assassins s'impatientèrent et lui firent dire qu'on était à sa recherche pour affaires pressantes. Il sortit donc en toute hâte, quand un des sicaires bondit sur lui, le frappa d'un large coutelas avec la furie d'une bête féroce, et lui brisa le crâne.

Garcia Moreno était blessé à mort.

Lorsqu'on le releva il respirait encore. On le porta dans la cathédrale. Il reprit un moment connaissance, balbutia une prière et dit à ceux qui se désespéraient autour de lui cette parole significative : « *Dios no se muere!* Dieu ne meurt pas. »

Il expira quelques minutes après.

Alors on entendait, dans la foule qui s'était amassée autour du cadavre, les larmes et les cris des Équatoriens pleurant leur cher président comme un père : « Nous n'étions pas dignes de lui, s'écriait-on de toutes parts; il n'a fait que du bien, le saint est mort! »

Le « saint », voilà le mot qui explique tout. Don Garcia Moreno, dit M. J. Chantrel, était le chrétien complet, le chrétien qui vise à la sainteté. C'était pour son Dieu qu'il travaillait, et c'est pourquoi il faisait tout pour le bien de son peuple.

C'est, au reste, ce qu'a tenu à constater le Congrès

réuni aussitôt sa mort, en réponse au message que le regretté président venait de rédiger. Après avoir rappelé, à la louange de Garcia Moreno, tout ce que son intelligence et son activité avaient fait pour les travaux publics, l'instruction et la morale, le Congrès ajoute :

« Rien ne le caractérise davantage et ne brille plus dans son auréole que cette protection franche et décidée, efficace et constante accordée par don Garcia Moreno à la religion, dont la vérité s'était présentée à cette vaste intelligence avec le sceau de l'infaillibilité de la parole divine.

« Concitoyens ! contemplez votre éminent président, seul debout au milieu de la tempête déchaînée contre l'Église !

« Tandis que l'on prend parmi tant de peuples de la terre, au nom d'une malheureuse civilisation païenne, la hache sanglante de la révolution sauvage et barbare pour frapper sur la croix rédemptrice, il arbore dans ses fortes mains l'étendard de la régénération du monde, en donnant aux nations et aux rois un noble exemple. Il présente sa vaillante poitrine au torrent de l'impiété qui inonde la terre. L'iniquité, la médisance, la calomnie le poursuivent, la rage féroce des ennemis de la vérité en font autant; mais c'est en vain.

« Le monde n'a pu oublier le noble courage avec lequel notre célèbre chef a élevé la voix, et protesté au milieu de l'indigne silence des monarques et des puissants de la terre, lorsque des mains sacrilèges arrachaient la couronne de l'auguste et vénérable tête du Père universel de tous les fidèles, et lorsqu'on usurpait ses domaines. Le monde n'a pas non plus oublié qu'il a fait cause commune avec le saint pontife tombé, tourmenté, prisonnier et dépouillé; qu'il a compati à ses douleurs et outrages, qu'il était à ses côtés quand il a fallu boire le calice amer de la plus affligeante tribulation.

« Les ennemis de Dieu ont ri de cette protestation filiale, lancée à la face du siècle au nom d'une faible république. Insensés! Est-ce que l'on raille un faible enfant quand il pleure sur le malheur de son tendre père, et proteste contre les malfaiteurs qui l'outragent, le dépossèdent et l'oppriment? Non, le monde catholique l'a exalté et applaudi pour cette noble protestation, et l'a présenté comme un brillant exemple aux chefs des plus grandes nations.

« Pourtant, citoyens, le poignard criminel l'a atteint... Ces iniques assassins cherchaient la ruine de la religion et de la morale, le changement de nos institutions, la ruine du bien. Ils voulaient étouffer dans le sang les espérances de notre patrie, barrer le chemin à notre progrès, en y jetant le corps du célèbre régénérateur de la nation équatorienne.

« Ils se sont trompés. Au-dessus de celui que le peuple arrose de ses larmes se lèvera la glorieuse et resplendissante croix rédemptrice que les assassins n'ont pu abattre. Le sang versé a été versé pour la sainte cause de la religion, de la morale, de l'ordre, de la paix et du progrès. »

GENOUDE (DE)

LITTÉRATEUR, DÉPUTÉ

(1792-1849)

> « Je perdis la foi en Dieu, en ma propre existence... J'ai bien senti alors que la privation de Dieu était un mal infini. J'ai éprouvé les tourments de l'enfer. » (DE GENOUDE.)

Eugène de Genoude fut d'abord professeur au lycée Bonaparte. Il a partagé de bonne heure les préjugés impies de la plupart des hommes de son époque. Revenu plus tard à Dieu, il entra au séminaire, qu'il quitta bientôt pour se faire écrivain.

Il fut anobli en 1822 à la suite de la publication d'une traduction française de la Bible, et écrivit dans plusieurs journaux, particulièrement dans la *Gazette de France*, dont il fut longtemps directeur. Il devint prêtre et fut élu député en 1846.

L'éminent écrivain a raconté lui-même, à la manière de saint Augustin, le travail de la grâce dans son âme et par quels moyens Dieu le tira de l'incrédulité.

Né à l'époque de la Terreur, les événements de la Révolution laissèrent peu de trace en son âme; car, aimant passionnément l'étude, il était plongé dans les lettres anciennes pour lesquelles il avait une véritable passion : « J'avais un père, une mère, remplis de bontés pour moi, des frères, des sœurs, des amis que j'aimais et qui m'aimaient également. Telle fut la vie de mes premières années. Je vivais de l'arbre de vie, je n'avais pas encore goûté l'arbre de la science. Les premiers fruits empoisonnèrent mon bonheur. Je vais vous dire comment. »

De Genoude raconte ensuite comment sa curiosité le porta à lire Voltaire et tous les mauvais auteurs du xviii° siècle. « Le seul souvenir religieux qui me revienne à l'esprit, c'est un trait de la *Vie des Saints*. Je lisais la vie de sainte Thérèse, et je fus frappé de son désir d'aller mourir chez les Maures. La foi était en moi comme si elle n'était pas. Les rapports de Dieu avec moi m'étaient complètement inconnus. Nous étions à l'époque de l'Empire. La philosophie matérialiste du xviii° siècle régnait dans le gouvernement et dans les mœurs. Rien ne peut peindre, dit M. de Lamartine, qui cherchait alors la poésie comme je cherchais la religion, l'orgueilleuse stérilité de cette époque. Les hommes géométriques, qui avaient alors la parole, souriaient dédaigneusement quand ils prononçaient les mots : enthousiasme, religion, liberté, poésie. Calcul et force, tout était là pour eux. Ils ne croyaient que ce qui se prouve, ils ne sentaient que ce qui se touche. La religion était morte dans leur intelligence, morte dans leur âme, morte en eux et autour d'eux. Le calcul seul était permis, honoré, protégé, payé. On vivait dans une atmosphère de lâcheté et de servitude, on manquait d'espace et d'air. Je ne me rendais pas compte de cette situation morale, mais je la subissais à mon insu. J'ai fait, en herborisant, de nombreux voyages à la Grande-Chartreuse. À la croix du Grand-Son, qui apparaissait encore au milieu de ces déserts et

La Grande-Chartreuse.

dominait tout, je ne me prosternais même pas; personne ne me donnait cet exemple. Je ne savais pas ce que voulait dire ce signe sacré. J'y inscrivis mon nom au-dessous de Revel, machinalement.

« L'idée de Dieu ne subsistait au fond de mon âme que par le sentiment d'admiration dont j'ai toujours été pénétré pour lui sur le sommet des montagnes.

« Voltaire m'apprit, je le croyais, l'histoire, la physique, la philosophie ; il me fit connaître l'Europe, la France ; enfin je crus savoir par lui toutes choses, et la religion m'apparut sous les couleurs qu'il lui donne. D'abord, je triomphai, je me crus un esprit supérieur ; je regardai en pitié tout ce qui m'entourait, je raillai tous ceux qui parlaient devant moi du christianisme. J'adoptai toutes les objections. Voltaire dit quelque part qu'il a pris les deux hémisphères en ridicule, que c'est un coup sûr. Il est certain qu'il inspire le mépris de la race humaine dans l'histoire, comme dans sa philosophie le mépris de la loi révélée. Il saisit les esprits superficiels avec ce grand nom de Dieu et les mots d'humanité et de patrie, et c'est à l'aide de maximes vraies, rendues dans de beaux vers, qu'il séduit les cœurs et les entraîne ensuite à croire toutes les erreurs qu'il leur présente.

« Voltaire a bien soin de tronquer tous les faits, et d'oublier la liberté de l'homme, origine de toutes les péripéties de la race humaine. Il attaque sans cesse le peuple juif. Ce peuple est le seul qui eût conservé cette unité de Dieu dont Voltaire fait sa religion, et il ne le disait pas. Ce qui m'importe, c'est la vérité conservée par les Juifs. Que me font les torts du sacerdoce ou de la paternité, du prêtre ou du père ? Ils sont chargés de me transmettre la vérité et la vie. Le font-ils ?

« Voilà la question.

« Ensuite venaient les objections tirées de ce que la Rédemption n'avait pas changé le genre humain; mais c'était là faire naître une difficulté insurmontable contre Dieu même. Car si c'est une objection contre le Dieu rédempteur du monde qu'il y ait encore des vices et des crimes, c'en est une également contre le Dieu qui a créé l'homme et qui n'a dû le créer qu'afin de le rendre heureux.

« On peut juger du mal que cette philosophie superficielle dut faire à un esprit de quinze ans.

« J'étais au plus fort de mes doutes. Le désordre du monde, les vices, les crimes, les maladies, l'ignorance, la mort, le silence de Dieu au milieu de toutes les douleurs de l'homme, l'abandon où je croyais l'humanité, m'avait fait rejeter l'idée de Dieu. Voltaire avait détruit pour moi la chaîne de la révélation. Le monde me paraissait sans sagesse. Plus de liberté pour l'homme; Dieu, s'il y en avait un, se jouait de nous; il avait donné une âme à la douleur.

« Toute la nature, qui auparavant avait tant de charmes pour moi, était devenue une sombre prison. J'étais dans un cachot, environné de déceptions dont je n'avais pas le mot; j'étouffais.

« Je menais alors une vie singulière. Je passais beaucoup de temps dans une solitude absolue. Je dévorai tout J.-J. Rousseau. Ses contradictions me jetèrent dans une grande perplexité. Je sentais que son théisme n'a point de sanction. J'étais confondu de cette incertitude de Rousseau, tant mes préjugés contre le christianisme étaient grands.

« J'arrivai enfin au passage si étonnant sur Jésus-

Christ. Je l'ai relu cent fois. Ce passage a fait une profonde impression sur moi. Il commençait à me faire sortir des incertitudes du théisme de Rousseau. Il a décidé de toute ma vie. Je me dis alors que puisque Rousseau parlait ainsi de Jésus-Christ malgré les railleries de Voltaire, la religion chrétienne méritait d'être discutée, et je me proposai de me livrer à cet examen.

« Le scepticisme ne me paraissait pas possible, et je pris la résolution de consacrer ma vie tout entière, s'il le fallait, à la grande question de savoir ce qu'était Jésus-Christ : homme envoyé de Dieu ou Dieu lui-même. J'ai rempli ma promesse, et je dirai tout à l'heure ce que j'ai fait pour l'accomplir. »

De Genoude tint parole.

Il rapporte ensuite qu'il fit la rencontre d'un vieux et saint prêtre, qui, l'ayant séduit par le charme de sa piété et de sa conversation, lui fit accepter de lire, à la place de Voltaire et de J.-J. Rousseau, Fénelon, Bossuet et aussi l'Écriture sainte « que je voulais lire, ajoute-t-il, pour juger si elle méritait les mépris de Voltaire ».

Ce fut à la rencontre d'un saint prêtre qu'il dut les débuts de sa conversion, ce fut aussi un saint prêtre qui l'acheva, M. Teysseyre, un de ses anciens professeurs de la société de Saint-Sulpice.

De Genoude allait le voir fréquemment. « Il me disait souvent en faisant allusion aux difficultés que certains hommes opposent à la religion :

« — Si les vérités mathématiques obligeaient dans
« la pratique, il y aurait peu de personnes qui croi-
« raient aux vérités mathématiques. » Le miel découlait de ses lèvres. « Il faut s'engager hautement dans

« le monde, me disait-il sans cesse ; faites profession
« de vos croyances, vous serez défendu même par
« ce qui perd les autres, par le respect humain. »
Un jour, je rencontrai dans sa chambre le duc de
Rohan, et il nous dit en nous présentant l'un à
l'autre : « *Faciem euntis in Jerusalem,* Voici la
« figure de quelqu'un qui va à Jérusalem. » Depuis
la mort de M. Teysseyre, M. de Rohan et moi, nous
nous sommes tous deux faits prêtres.

« Je racontai toute ma vie à M. Teysseyre. Il me
parla de la nécessité de communier. Je savais tout ce
que les protestants et les philosophes opposent à la
confession et à la communion. Mais il m'était impossible, depuis que je reconnais l'autorité de Jésus-Christ, de ne pas voir dans ces paroles : « Tout ce
« que vous lierez et délierez sur la terre sera lié et
« délié dans le ciel, » l'établissement du pouvoir
absolu d'absoudre les péchés, et dans ces paroles :
« Ceci est mon corps, » l'établissement de la communion.

« Je fis tout ce que M. Teysseyre voulut, et je
trouvai une grande joie à suivre ses conseils. Il m'a
donné cette grande leçon : « Faites toutes vos actions
« comme si vous deviez mourir après les avoir
« faites. »

« C'est à la chapelle de la Sainte-Vierge, à Saint-Sulpice, que je communiai en 1811, et je puis dire
que ce fut là ma première communion. Je me donnai
tout à Dieu, et j'éprouvai la vérité de ce vers du
Dante :

Tanto si da quanto truova d'ardore.

« Dieu se donne à nous d'autant plus qu'il trouve

en nous plus d'ardeur. » La communion me fit connaître l'amour divin; je ne songeai plus qu'à servir Dieu et à être utile aux hommes. Je ne pouvais plus comprendre que j'eusse aimé quelque chose en dehors de Dieu. Qu'était-ce que la grandeur des sites, la beauté que j'avais contemplée dans les tableaux de Raphaël et du Guide à côté de la beauté infinie de Dieu? Qu'était la bonté des hommes et leur puissance en comparaison de Dieu? — Dieu m'aime, me disais-je, Dieu a voulu souffrir et mourir pour moi.

« Ces pensées me ravissaient.

« Non, je n'oublierai jamais l'amour qui se répandit dans mon cœur, après ma communion de Saint-Sulpice. C'est de là que datent pour moi le désir du martyre, l'amour du séminaire et les vœux ardents pour la vie contemplative.

« ... Ma vie peut se diviser en deux parts :

« Un premier travail de la lumière divine pour chasser les ténèbres de mon esprit;

« Un travail de l'amour divin pour chasser de mon cœur les affections terrestres. »

GEOFFROY SAINT-HILAIRE

SAVANT NATURALISTE, DE L'INSTITUT

(1772-1844)

> « Arrivé sur cette limite, le physicien disparaît, l'homme religieux seul demeure pour partager l'enthousiasme du saint prophète, et pour s'écrier avec lui : *Laudemus Dominum*. »
> (Et. Geoffroy Saint-Hilaire.)

Né à Étampes, Étienne Geoffroy Saint-Hilaire fut successivement destiné au droit, à l'état ecclésiastique et à la médecine. Il choisit définitivement les sciences, dans lesquelles il eut pour maître le célèbre Haüy, avec lequel il se lia d'amitié malgré la différence d'âge et de position.

Celui-ci lui obtint la place de démonstrateur du cabinet d'histoire naturelle, puis celle de sous-directeur au Jardin des Plantes. A l'époque de l'organisation du Muséum, Geoffroy, qui ne s'était encore occupé que de minéralogie, fut chargé du cours de zoologie. Tout était à faire, mais l'actif professeur ne faillit pas à sa tâche : bientôt il eut créé la ménagerie; les collections furent renouvelées, classées, complétées.

En 1798, Geoffroy partit pour l'Égypte avec la commission scientifique organisée par Bonaparte.

Appelé à l'Institut en 1807, il accepta la mission d'aller en Portugal explorer toutes les collections d'histoire naturelle, et d'y prélever tout ce qui lui manquait. A son retour, en 1809, il fut choisi pour occuper la chaire de zoologie à la Faculté des sciences, et continua de professer simultanément ses deux cours du Muséum et de la Faculté jusqu'en 1840.

Alors devenu aveugle, ses forces s'affaiblirent, et il ne fit guère que languir jusqu'à sa mort. Épuisé par tant de travaux et de veilles, on le voyait encore se promener au Jardin des Plantes, parmi les œuvres qu'il avait créées et dont il ne pouvait jouir, guidé par une fille dévouée que Dieu avait placée comme un ange près de lui, et dont la bonté lui faisait dire : « Je suis aveugle et pourtant je suis heureux. » La science, qui l'occupait encore, animait et éclairait sa belle intelligence :

« Oh! mes amis, s'écriait-il, je cherche en vain la lumière, et cependant le spectacle des êtres animés est toujours devant mes yeux. »

« Que de regrets pourtant ne devait-il pas éprouver, lui, naturaliste enthousiaste, contemplateur assidu des merveilles de la création! Comme Milton aveugle, il aurait pu pleurer la perte de la lumière et celle de ce splendide Jardin des Plantes, qui était son paradis sur terre, son premier et son dernier asile[1]. »

Le 14 juin 1844, il avait cessé de vivre.

On a, de ce savant, des traités remarquables sur les différentes parties de l'histoire naturelle. Nous ne ne voulons pas les énumérer tous, nous rappellerons

---

[1] J. Lebrun.

seulement la lutte mémorable qui éclata entre Geoffroy Saint-Hilaire et Cuvier, au sujet de l'origine des animaux, et qui tint alors en éveil tous les savants de l'Europe. La question était celle-ci :

Les animaux, qui peuplent notre globe, s'offrent-ils à nos yeux tels qu'ils ont été créés ? — *Oui*, disait Cuvier. *Se sont-ils, au contraire, modifiés depuis leur création, et continueront-ils à se transformer ?* — *Oui*, affirmait Geoffroy Saint-Hilaire.

De nombreux mémoires furent écrits par les deux savants, qui étaient aussi amis, pour soutenir leur thèse. Chacun eut ses partisans. Les progrès de la science ne permettent pas de résoudre la question.

Geoffroy Saint-Hilaire avait été élevé chrétiennement au collège de Navarre et à celui du Cardinal-Lemoine, par les soins de ses pieux professeurs, entre autres par l'abbé Lhomond et celui qui fut depuis son ami, l'abbé Haüy. A peine âgé de dix-huit ans il était admis dans la douce intimité de ces savants : c'est là que ses convictions religieuses s'étaient affermies.

Aussi ne craignait-il point de leur rendre hommage dans ses livres.

Dès 1794, inaugurant, au Muséum d'histoire naturelle, l'enseignement de la zoologie, il fit un *Discours tendant à prouver que l'homme ne doit être compris dans aucune classe d'animaux.*

A la fin d'un chapitre de sa philosophie anatomique, on lit ces belles paroles : « Arrivé sur cette limite, le physicien disparaît; l'homme religieux seul demeure pour partager l'enthousiasme du saint prophète et pour s'écrier avec lui : *Cœli enarrant gloriam Dei... Laudemus Dominum.* »

Et ailleurs : « L'homme, écrit-il, est de création moderne...; le dernier né de la création des six jours, il en est le plus éclatant produit... L'apparition de l'homme sur la terre coordonne et achève le sublime arrangement des choses... Ainsi Dieu s'est donné un actif et puissant ministre dans l'administration de l'ordre créé par son éternelle sagesse [1]. »

Mais ce savant ne se bornait pas à des paroles : nous pouvons citer plusieurs exemples de dévouement qui font honneur à ses sentiments religieux autant qu'à la noblesse de son cœur.

Du 12 au 13 août 1792, il eut la douleur de voir arracher de sa maison son maître bien-aimé et son ami, l'abbé Haüy, ainsi que d'autres ecclésiastiques. En voyant incarcérer ceux qu'il aime, Geoffroy se promet de tout braver pour sauver les prisonniers.

Ses démarches sont si actives que, dès le lendemain, la liberté d'Haüy est réclamée et obtenue au nom de l'Académie des sciences. « Le 14, à dix heures du soir, raconte J. Lebrun, Geoffroy Saint-Hilaire a entre les mains l'ordre de délivrance. Quelques minutes après il est à Saint-Firmin, se jette au cou d'Haüy et lui dit : « Venez, vous êtes libre. »

Geoffroy venait de payer une dette de reconnaissance, mais là ne devait pas se borner son dévouement. Laissons-le lui-même raconter ses efforts pour sauver les autres captifs.

Voici ce qu'il écrivait : « J'avais vingt ans en 1792, j'ai aspiré à sauver mes honorés maîtres. Profitant du désarroi occasionné par le tocsin, j'ai pénétré, à deux heures, le 2 septembre, dans la prison de

---

[1] *Dictionnaire de la conversation*, t. XXXI, p. 487.

Saint-Firmin. Si mes maîtres n'ont point accepté de sortir, cela a tenu à un excès de délicatesse, à la crainte de compromettre d'autres ecclésiastiques. J'ai passé la nuit du 2 au 3 septembre sur une échelle, en dehors de Saint-Firmin. Douze ecclésiastiques, qui m'étaient inconnus, échappèrent. »

Près de quarante ans après, dans les mauvais jours de 1830, il eut la gloire de soustraire aux fureurs du peuple Mgr de Quélen, archevêque de Paris. Il offrit à ce vénérable prélat un asile en sa demeure jusqu'au 14 août, date mémorable pour Geoffroy Saint-Hilaire. C'était aussi le 14 août qu'il avait sauvé l'abbé Haüy.

Cet homme célèbre mourut fidèle à la foi de son enfance. « Ainsi finit cet homme éminent, qui après avoir pénétré dans toutes les profondeurs de la science y a laissé la forte et durable empreinte de son génie. La science reconnaît en lui un de ses législateurs, et la France une de ses gloires éclatantes. Si le nom de Cuvier est immortel, celui d'Étienne Geoffroy Saint-Hilaire sera aussi vainqueur des temps[1]. »

---

[1] J. Lebrun.

HOFER

CHEF MILITAIRE ET ADMINISTRATEUR CIVIL DU TYROL

(1767-1809)

> « La vertu fait les forts et change les timides en héros. » (A. HOFER.)

Un très intéressant épisode, peu connu en France, des guerres du premier Empire, c'est la lutte du Tyrol, en 1809; de ce petit peuple de montagnards, commandé par un commerçant, contre les généraux et les soldats de Napoléon, unis aux troupes bavaroises.

Ce peuple est religieux comme d'autres sont guerriers, artistes ou marchands; c'est avant tout un peuple catholique, et c'est surtout pour conserver sa foi, comme les Vendéens en 1793, qu'il prit les armes contre l'étranger envahisseur. Les Tyroliens eurent à combattre non seulement les armées bavaroises, mais les meilleurs généraux de Napoléon Ier. Ils avaient à leur tête un homme d'un courage héroïque, d'une volonté énergique et d'une intelligence supérieure, André Hofer, dont le nom est synonyme de foi et de fidélité à la monarchie.

André Hofer était alors dans toute la force de l'âge. Sans avoir la stature d'un Hercule, il en avait la

vigueur. Une taille ramassée, de larges épaules, des yeux bruns et ardents, une longue barbe tombant sur la poitrine, et qu'il avait fait vœu de ne pas couper du jour où le Tyrol fut cédé à la Bavière, une voix sonore, une démarche digne, une physionomie prévenante, tout en sa personne produisait d'abord une sorte d'étonnement qui se changeait bientôt en un sentiment d'estime et de confiance. « Sa facilité à parler les deux langues du Tyrol, l'allemand et l'italien, dit le P. Clair, qui a écrit sa vie, les nécessités de sa profession, le commerce considérable de vins, d'eau-de-vie, de bétail qu'il faisait dans le Sud-Tyrol et dans toute la vallée de l'Inn; plus que tout cela, sa probité, sa bonté, sa religion, sa réputation bien établie d'excellent père de famille et de solide chrétien, lui avaient valu des relations multipliées et une renommée étonnante dans le pays. »

Quand il chevauchait par la vallée, rapporte son biographe, récitant le rosaire avec ses compagnons de route, tous les passants le saluaient avec enthousiasme; les étudiants de Méran ne manquaient pas d'accourir et de l'entourer, s'ils l'apercevaient dans la ville.

Tel est l'homme, dit Marius Sepet, que ses qualités d'homme de guerre et d'organisateur et surtout son enthousiasme et son héroïsme placèrent à la tête de ses compatriotes, dans la lutte contre l'invasion étrangère dont il délivra trois fois le Tyrol. Une de ses proclamations montre bien les motifs qui le faisaient agir, ainsi que l'énergie et l'élévation de son âme :

« Placez tout votre espoir en Dieu, disait Hofer; nous avons déjà fait bien des choses dont l'étranger s'étonne, non point par nos propres forces, mais grâce à l'évident secours qui nous vient d'en haut. La vertu fait les forts et change les timides en héros. Il ne s'agit plus aujourd'hui seulement de sauver notre fortune, non ! c'est notre sainte religion que menace un manifeste péril. Pour elle nous avons commencé la grande œuvre : il faut achever. Faire à moitié, c'est ne rien faire ! Debout, frères et voisins, aux armes contre l'ennemi commun de la terre et du ciel ! Que pas un ne reste en chemin, et que notre seul et dernier cri soit : Pour Dieu, pour l'empereur François, vaincre ou mourir ! »

Tel est l'homme qui osa et sut résister aux troupes de Napoléon Ier.

Le septième corps de la grande armée, composé de Français et de Bavarois, et commandé par le vieux Lefebvre, duc de Dantzig, fut battu plusieurs fois par André Hofer et ses Tyroliens et forcé d'évacuer le Tyrol. Le maréchal lui-même, harcelé de toutes parts, échappa avec peine à son intrépide adversaire. Lorsque le duc de Dantzig vaincu se présenta devant Napoléon : « Eh bien ! monsieur le maréchal, lui dit brusquement l'Empereur pour tout salut, avez-vous appris cette fois des Tyroliens la tactique militaire ? »

Après cette nouvelle victoire, Hofer prit officiellement, au nom de l'empereur d'Autriche, le gouvernement civil et militaire du Tyrol, et, non sans quelque répugnance, s'établit au château impérial avec ses adjudants.

Il choisit pour lui l'appartement le plus modeste, et fit suspendre, dans la salle à manger, un grand crucifix et une image de la sainte Vierge. Il ne troqua point son habit de paysan contre l'uniforme brodé d'un général ou d'un haut fonctionnaire ; et à toutes les décorations il préféra le crucifix de cuivre et la médaille de Saint-Georges qu'il portait au cou.

Rien non plus ne fut changé dans ses pieuses habi-

La maison d'André Hofer.

tudes. Matin et soir il se rendait à l'église paroissiale, devant l'image miraculeuse de Maria-Hilf, et après le souper, en présence de ses gens, il récitait le chapelet avec maints *Pater noster* et autres prières en l'honneur des saints patrons. Tous devaient prendre leur part à ces dévotes pratiques, car Hofer tenait à sa maxime : qui mange avec moi doit prier avec moi.

Son administration fut excellente, et le P. Clair fait, avec raison, remarquer qu'on lui doit la réorganisation des études à l'université d'Inspruck. Ce héros catholique n'était en aucune façon un ami de l'ignorance. L'apogée de sa grandeur fut la cérémonie religieuse célébrée le 4 octobre 1809, et à l'issue de laquelle lui fut solennellement remise, au nom de l'empereur d'Autriche, qui venait de le confirmer dans son poste de gouverneur du Tyrol, une grande médaille d'or suspendue à une chaîne de même métal.

Mais, hélas ! les revers suivirent de près ce triomphe et vinrent faire briller d'un nouvel éclat la foi du héros.

L'Autriche, écrasée par les forces réunies de Napoléon, dut abandonner le Tyrol, et André Hofer fut invité à déposer les armes. Il obéit malgré les esprits exaltés qui le poussaient à une prolongation de la guerre. Et alors vaincu, traqué, mis à prix, il refusa de s'exiler : « Je ne puis quitter le pays, » répétait-il.

Il fut livré par un traître.

Tandis qu'on l'emmenait prisonnier à Mantoue, il accomplit un acte d'héroïsme chrétien qui prouve combien son âme si religieuse était encore supérieure à ses victoires.

Il passait par Ala, où commandait un certain Ferru. Hofer monta à la résidence du commandant, et, arrivé à la salle à manger où le dîner était servi, il fut invité à s'asseoir à table avec les officiers qui l'escortaient.

Mais c'était un vendredi.

Voyant les aliments gras, il s'excuse d'un air aimable et plein de courtoisie, disant qu'un peu plus tard il prendrait un peu de pain et de fromage. Ces hommes lui jetèrent un regard méprisant et se mirent bravement à faire honneur au repas. André alla s'asseoir près du poêle, le froid étant très vif, ôta de son cou un long chapelet à gros grains, et se mit à réciter le rosaire.

La nuit suivante le feu prit à la maison par l'imprévoyance des officiers. Le noble prisonnier aurait pu fuir, on lui en suggéra l'idée : il répondit que ce serait contraire à l'honneur.

Le conseil de guerre, réuni pour le juger, hésitait à frapper une telle victime. La peine capitale n'obtint pas une majorité décisive et on en donna avis à Milan ; mais les autorités napoléoniennes n'étaient pas tendres. Elles répondirent par un ordre d'exécution immédiate.

Quelques heures avant sa mort, il écrivit une lettre à l'un de ses meilleurs amis, où se révèle toute sa religion : « La volonté de Dieu, disait-il, est que j'échange ici, à Mantoue, la vie mortelle pour l'éternelle ; mais que le bon Dieu soit béni pour sa divine grâce ! Il m'est aussi facile de mourir que de m'occuper d'une autre affaire. »

Puis il demanda un service pour son âme à l'église de Saint-Martin ; que ses amis et surtout ceux de Paneyer prient bien pour lui ; dans quelques heures il part avec le secours des saints vers Dieu. Et il terminait en disant : « Pauvre monde, adieu ! Je vois venir la mort avec si peu de peine que je n'en ai pas une larme dans les yeux. »

L'archiprêtre de Santa-Barbara vint le disposer à mourir et lui donner le pain de vie. Hofer lui remit son argent pour le distribuer aux pauvres Tyroliens, prisonniers à Mantoue, le chargeant de leur dire qu'il était tout consolé et qu'il leur recommandait son voyage.

A onze heures du matin on battit la générale, et le condamné, prenant un crucifix, accompagné de son confesseur, se dirigea vers la place de la citadelle. Quand le cortège passa près de la porte Molina, on entendit sortir des casemates des cris et des sanglots : c'étaient les Tyroliens prisonniers qui, tombant à genoux, pleuraient et priaient pour lui. Il pria quelque temps avec le prêtre, auquel il laissa sa croix et son rosaire en souvenir; puis douze hommes se placèrent l'arme au bras à vingt pas de lui.

On lui présenta un mouchoir pour se bander les yeux; il refusa. On lui ordonna de fléchir le genou; il n'en fit rien, et dit : « C'est debout que je veux rendre mon âme à Celui qui me l'a donnée. »

Une minute après, il était frappé à mort, tenant ses mains élevées vers le ciel.

« C'est avec une édification, une consolation profonde, écrivait son confesseur, que j'ai admiré un homme qui est allé à la mort comme un héros chrétien, et l'a reçue comme un intrépide martyr. » Ainsi la religion qui professe la doctrine la plus élevée et la morale la plus pure est aussi celle qui fait les âmes les plus viriles, et les peuples les plus patriotes.

La famille d'André Hofer a été anoblie, en 1819, par l'empereur d'Autriche, et ses concitoyens du Tyrol lui ont élevé une statue, et fondé un hôpital sur le lieu où la trahison le livra à ses ennemis.

HORACE VERNET

PEINTRE, DE L'ACADÉMIE DES BEAUX-ARTS

(1789-1863)

> « Je vous demande vingt-quatre heures pour mieux me préparer à la confession. » (H. VERNET.)

Émile-Jean-Horace Vernet est né à Paris d'une famille déjà illustre dans la peinture. Son principal maître fut son père, célèbre comme peintre de chevaux et de batailles. En 1826, il fut élu membre de l'Académie des beaux-arts, et deux ans après, nommé directeur de l'École de Rome.

Horace étudia dans cette ville les maîtres du XVI° siècle, et s'en inspira pour faire de nouvelles compositions. Ses toiles sont très nombreuses. Il est, de tous les peintres français, le plus actif et le plus fécond. Ses œuvres ont été reproduites par le burin des meilleurs graveurs de notre époque. Il possède deux qualités éminemment françaises, le mouvement et la clarté, et excelle à grouper, autour d'une action principale, les divers épisodes d'un combat. L'exactitude minutieuse de ses costumes plaît surtout à nos instincts militaires, et ses toiles sont de véritables bulletins de bataille. Il fut décoré de presque tous les ordres étrangers et son pinceau lui a donné amplement la fortune.

Horace Vernet avait fait, en 1850, le portrait du prince-président passant une revue à Satory, suivi de deux généraux, Reille et Changarnier. Après le 2 décembre, le prince fit dire à Vernet de remplacer le général Changarnier par un autre personnage. L'illustre peintre trouva la demande singulière et se contenta de répondre qu'Horace Vernet ne corrigeait pas l'histoire.

Louis-Napoléon se montra bon prince; il eût pu exercer une terrible vengeance et jeter la toile au feu, il se contenta de l'envoyer en pénitence en Afrique, où elle est restée depuis lors.

Horace Vernet, se jugeant en disgrâce, quitta la France et voulut revoir sa chère Algérie, qu'il aimait ardemment. Il y passa tout l'hiver de 1852.

Jusque-là le célèbre artiste avait vécu dans une complète indifférence. C'est en Afrique que Dieu l'attendait pour éclairer son esprit et toucher son cœur. Le marquis de Ségur a raconté cette conversion dans son livre : *Un hiver à Rome*, et Sainte-Beuve lui-même a dû constater ce changement en ces termes : « Des idées graves et même religieuses, a écrit le célèbre critique, le gagnèrent peu à peu. Il ne faudrait ni les diminuer, ni les exagérer, ni les antidater. On a lu le récit de ses impressions à la vue de Bethléhem et des lieux saints. Le beau portrait du frère Philippe, d'autres tableaux de lui, vers la fin, purent marquer un pas de plus dans ce sens religieux. »

En 1853, Horace Vernet, étant à Alger, eut l'heureuse occasion de rencontrer le R. P. Dom Régis, abbé de Staouëli.

Le P. Régis passait sur la place du Gouvernement lorsqu'il vit venir à lui le général Randon, gouverneur de l'Algérie, suivi du général Yusuf et d'un étranger que le Père ne connaissait pas. Cet étranger était Horace Vernet. Présenté au religieux par le gouverneur, il dit gracieusement :

« Mon père, je suis parti de Paris avec l'intention d'aller vous voir à Staouëli.

— Et moi, ajouta Yusuf, je cherchais l'occasion de vous connaître, nous irons vous visiter. »

Quelques jours après, on vint avertir le P. Régis qu'un étranger demandait à lui parler. L'abbé se trouvait alors dans la campagne. S'empressant de retourner au monastère, il vit venir au-devant de lui un beau chien qui, le nez au vent, précédait un chasseur, équipé de neuf, et le fusil en bandoulière :

« Me reconnaissez-vous ? dit Horace Vernet en se présentant.

— Mais oui, Monsieur, répond l'abbé avec une parfaite courtoisie, et je suis fier que vous n'ayez pas oublié l'engagement que vous avez bien voulu prendre envers moi. »

Aussitôt le bon Père, lui servant de guide, lui fit parcourir le monastère et ses dépendances. La visite terminée, on continua la promenade dans la campagne. Le grand artiste était captivé par la physionomie, le langage et la bonté du vénérable religieux.

Le fondateur de Notre-Dame de Staouëli, avec son esprit vif, plein de mouvement, d'entrain, même de gaieté est, en effet, un charmeur. Il a le don de rallier à lui toutes les sympathies, de dissiper toutes les préventions hostiles, d'aplanir les difficultés, de conquérir les cœurs : charme étrange, indéfinissable, que les esprits vulgaires ont peine à concilier avec la robe du trappiste.

Vernet subissait ce charme. Il admirait l'établissement agricole, fondé par cet homme extraordinaire avec tant de persévérance, de sacrifices et de vertus, et, touché du dévouement de ces humbles religieux, anciens soldats pour la plupart, qui mouraient résignés et joyeux, victimes de la fièvre sur ce nouveau champ de bataille, son cœur, s'ouvrant peu à peu à la confiance, lui dévoilait les doutes qui tourmentaient son âme et les préoccupations qui l'agitaient.

Ils causèrent longtemps en se promenant, et bientôt la conversation prit un caractère si intime, que le Père dit en souriant au célèbre artiste :

« Savez-vous que vous venez de faire les trois quarts de la besogne, et qu'il ne vous manque plus que de vous mettre à genoux pour dire : *Benedic, mihi, Pater...* »

Cette brusquerie ne déplut pas à Vernet :

« Eh bien ! mon père, répondit-il avec une simplicité d'enfant, si vous voulez, j'y consens. Mais je vous demande vingt-quatre heures pour mieux me préparer.

— Bien, mon fils, restez seul avec Dieu; la solitude vous est bonne en ce moment. »

Le Père s'en retournait lentement vers le monastère, joyeux dans son âme du succès que Dieu accordait à son zèle. De temps en temps il regardait derrière lui, pour voir ce que faisait le nouveau pénitent. Il le vit assis sur une pierre, immobile, la tête dans ses mains, ayant la mer à ses pieds, et disparaissant à moitié dans la brume du soir.

Le lendemain, Horace Vernet assistait à la messe, et sortait tout ému de l'attitude des religieux, de la

Horace Vernet.

majestueuse lenteur de leurs chants, de leur air pieux et recueilli. Il s'était mis aux pieds de son confesseur et ne songea plus à retourner à Alger, mais passa toute la semaine sainte à Staouëli, pour se préparer, dans la retraite, à accomplir le devoir pascal. Son visage était souvent mouillé de larmes.

Cependant, à Alger, les amis d'Horace se demandaient ce qu'était devenu l'aimable et gai causeur, qui faisait le charme de la haute société algérienne. Quand on apprit qu'il vivait à la Trappe, ce fut un étonnement universel.

La veille de Pâques, ne pouvant croire au bonheur qu'il éprouvait, Horace Vernet demanda au Père abbé s'il ne pourrait pas, pour faire honneur à Dieu, se parer le lendemain de ses diverses décorations :

« Je veux, dit-il, offrir à Dieu tous les colifichets que j'ai reçus, et sanctifier ainsi cette vaine gloire de l'homme. »

Le Père approuva son idée. On fit venir d'Alger l'écrin qui renfermait les plaques et les croix des divers ordres dont avait été décoré l'artiste, et le lendemain Vernet, la poitrine toute constellée de ses nombreuses décorations, assistait à la messe, et se présentait au milieu des religieux à la table sainte. Des larmes d'une joie bien douce manifestaient le contentement intérieur de son âme.

Après la cérémonie, l'artiste converti partagea le grossier repas des religieux et quitta la maison saintement hospitalière où il laissait le fardeau des fautes de toute sa vie, et emportait dans son cœur le Dieu bon et miséricordieux, qui pardonne au repentir. Au moment de quitter les religieux qui lui faisaient escorte jusqu'à une certaine distance du monastère, Horace Vernet dit : « Ce jour est le plus beau de ma vie. »

Depuis ce jour jusqu'à sa mort, Vernet remplit exactement ses devoirs religieux. Chaque fois qu'il rencontrait le P. Régis, c'était pour lui une heureuse fortune. Il en profitait pour se confesser et recevoir la sainte communion.

A Paris, il s'adressait au vénérable curé de Saint-Germain-des-Prés, sa paroisse. Cette conversion datait de dix années, lorsqu'en 1863 il mourut dans les mêmes sentiments de foi et de piété.

On sait que parmi les grandes toiles patriotiques qui ont illustré Horace Vernet, il en est une qu'il considérait avec plus de complaisance, parce qu'elle lui rappelait la plus grande et la plus heureuse circonstance de sa vie. C'était sa *Messe militaire* dans les montagnes de la Kabylie, où le P. Régis est représenté au moment de l'élévation de la sainte Hostie.

« Ce tableau, disait Vernet, faisant allusion au souvenir de sa conversion à Staouëli, ce tableau je l'ai fait avec le cœur. »

Heureux souvenir pour un cœur fidèle comme le sien.

INGRES

PEINTRE, DE L'ACADÉMIE DES BEAUX-ARTS, SÉNATEUR

(1781-1867)

> « On a dit que mon atelier était une église; eh bien, oui, qu'il soit une église, un sanctuaire consacré au culte du beau et du bien ! » (INGRES.)

Le nom de ce grand artiste doit avoir une place dans nos annales catholiques comme dans celles des beaux-arts.

Né à Montauban, Jean-Dominique-Auguste Ingres reçut de Dieu le goût de la peinture, et de son père le goût de la musique. Son penchant naturel lui fit laisser la musique pour la peinture, et à cinq ans il commença l'étude du dessin.

Les épreuves de la vie d'artiste ne lui manquèrent pas, même après avoir obtenu le grand prix de Rome. Il se vit obligé, pour vivre, de faire ce qu'il appelait « du commerce », c'est-à-dire des portraits et des esquisses à la mine de plomb, qui eurent un grand succès. Ce fut aussi l'époque où il exposa de nombreuses toiles, et des meilleures. Son *Vœu de Louis XIII* qui parut au salon de 1824, empreint d'un grand caractère religieux, fit une sensation profonde dans le monde artistique et politique, car il révélait un pinceau vraiment chrétien.

En effet, dès cette époque, Ingres était catholique pratiquant. Son second retour de Rome fut pour lui un triomphe, et mit le comble à sa gloire.

Ingres, qui dans la seconde partie de sa vie avait vécu en chrétien, est mort en chrétien fervent, comme le prouve la lettre suivante écrite par le prêtre qui l'assistait à ses derniers moments.

« Ingres n'a pas été surpris par la mort, quelque soudaine et foudroyante qu'ait été sa maladie; son directeur (car Ingres avait un confesseur depuis de longues années déjà), son directeur fut prévenu et appelé aussitôt que son médecin, et il put le préparer, sans embarras ni précipitation, à rendre sa belle et grande âme à Dieu. Aucune des grâces que peut recevoir un chrétien mourant ne lui fut refusée. Dimanche matin (16 janvier 1867) il recevait l'extrême-onction et la sainte Eucharistie avec l'émotion de la foi la plus vive et avec le calme de l'âme la plus résignée.

« Oppressé par la terrible maladie qui nous le ravissait, il devait faire un effort surhumain pour faire sortir de sa poitrine la moindre parole, et néanmoins il trouva la force de prononcer devant son Dieu présent et qui allait se donner à lui un acte de foi, de reconnaissance et d'amour dont le souvenir ne s'effacera pas de mon cœur[1]. »

Un ami du célèbre artiste nous le fait mieux connaître dans des paroles émues qu'il lui a consacrées. M. Claudius Lavergne s'exprime ainsi :

« Avant de le toucher, la mort a dû attendre que

---

[1] L'abbé Saillard.

l'artiste eût accompli sa mission et parfait son chef-d'œuvre, et lorsqu'elle est venue, le vieillard était armé pour le combat et n'a point tressailli. Il a déposé tranquillement le crayon, avec lequel il venait de tracer l'image de la sainte patronne d'une enfant qu'il aimait, et qui a reçu de lui cette dernière étrenne; puis il a frappé humblement sa poitrine et réglé les affaires de sa conscience avec autant de netteté et de fermeté qu'il en avait mis aux dernières corrections de ses dessins.

« Et au moment où le saint et vénérable prêtre, qui, depuis dix ans, lui avait ouvert les trésors de la miséricorde divine, lui annonçait qu'il verrait bientôt face à face, sans nuage et sans voile, cette beauté parfaite qu'il avait eu le don d'entrevoir, et dont les œuvres admirables sorties de ses mains portaient l'empreinte, le mourant l'interrompit :

« Ne parlons pas de cela, s'écria-t-il, ne parlons
« pas de cela. Il n'y a de grand, il n'y a de beau,
« il n'y a d'aimable que les dons que Dieu nous fait
« et les secours que la religion nous donne. »

« N'est-ce pas là le geste, la voix, l'accent du maître que nous pleurons ? Je le demande à tous ceux qui l'ont connu, à ses élèves surtout, qu'il appelait ses enfants et qui ont gardé les impressions de sa parole vive, lumineuse, inspirée.

« Qu'ils rapprochent dans leur souvenir ce codicille, ajouté à la dernière heure au testament, du jour où, partant pour Rome, il licencia son atelier. Qu'ils se souviennent des larmes silencieuses qui suivirent cette exclamation fière et solennelle :

« On a dit, Messieurs, que mon atelier était une
« église. Eh bien ! oui, qu'il soit une église, un

« sanctuaire consacré au culte du beau et du bien,
« et que tous ceux qui y sont entrés et qui en sortent,
« réunis ou dispersés, que tous mes élèves, enfin,
« soient partout et toujours les propagateurs de la
« vérité.

« Pour vous former au beau, répétait-il encore,
« ne voyez que le sublime; ne regardez ni à droite
« ni à gauche, encore moins en bas. Allez, la tête
« levée vers les cieux, au lieu de la tenir courbée
« vers la terre. »

« Aujourd'hui, la profession de foi du chrétien complète celle du peintre. C'est sa dernière leçon; nous l'avons pieusement recueillie, pour la transmettre à tous. Dieu veuille qu'elle ne soit perdue pour personne ! »

De ces détails, donnés par M. Claudius Lavergne, nous retiendrons surtout ces paroles remarquables de l'illustre artiste : « Il n'y a de grand, il n'y a de beau, il n'y a d'aimable que les dons que Dieu nous fait, et les secours que la religion nous donne. »

JASMIN

POÈTE

(1799-1864)

> « J'étais nu, l'Église, je m'en souviens, m'a vêtu bien souvent quand j'étais petit... Homme, je la trouve nue, à mon tour je la couvre. » (JASMIN.)

Jasmin est ce poète qui, ayant confessé sa foi dans une fière réponse à l'apostasie de Renan, voulut que ce dernier chant, son plus beau titre de gloire, fût placé sur sa poitrine dans son tombeau, et s'endormit dans la paix du Seigneur en 1864.

C'est dans la ville d'Agen que naquit le troubadour, au mois de février 1799, de parents très pauvres. Le désir d'apprendre s'éveilla en lui de bonne heure, et comme son père ne pouvait rien pour son instruction, la charité d'un prêtre le fit enfant de chœur et élève du séminaire, où l'enfant se livra avec ardeur à l'étude.

Les ecclésiastiques qui l'instruisirent donnèrent aussi du pain à sa famille, ce que le poète n'oublia jamais. Il voulut, en retour, mettre sa muse au service des pauvres et de l'Église.

Après quelques poésies fugitives, son poème de *l'Aveugle* consacra définitivement sa gloire, non seulement dans le midi, mais dans toute la France. Son œuvre, bientôt traduite en anglais, le rendit populaire en Angleterre. Jasmin le récita pour la première fois en 1835, à l'académie de Bordeaux.

Ce succès fut immense; de l'aveu des hommes les plus compétents, le poète disait comme Talma dans le patois de son pays.

« Rien, dit M. Lasserre, ne peut donner une idée de Jasmin disant ses vers; rien, ni les plus grands orateurs, ni Lamartine, ni Berryer, ni Lacordaire, ni les plus surprenants acteurs, ni Rachel, ni Frédéric Lemaître, ni même Delsarte dans ses plus beaux moments. »

Partout on voulut l'entendre, et lui allait de fête en fête, jusqu'à la cour, où Louis-Philippe et la duchesse d'Orléans voulurent le voir et le saluèrent en sa langue gasconne, et à Paris, où il fit l'admiration de Chateaubriand, d'Ampère, de Fauriel, de Nisard et de Villemain.

L'Académie française couronna ses œuvres en 1852.

Dès que le poète eut conquis sa réputation, il se hâta de la mettre au service de la charité. Ce fut véritablement un poète-apôtre. Il sut soutenir du produit de son talent toutes les œuvres pieuses de son pays. Dès lors il ne fut plus maître de son temps ni de sa personne. Ses journées étaient engagées parfois plusieurs mois à l'avance; les populations se portaient en masse à sa rencontre.

« Je suis allé deux fois dans l'Albigeois, écrit-il, pour un hôpital et les pauvres de la ville; je pars demain pour Cahors afin d'achever une œuvre également sainte. Je me suis engagé ce mois d'août pour Foix et Bagnères-de-Luchon, pour une église. »

Dans le Périgord, Vergt lui doit son église, et ce n'est point l'orgueil qui l'inspire lorsqu'il dit à son sujet : « Non, quand monteront tuiles et chevrons, mon âme sentira quelque chose de plus doux. Je me dirai : J'étais nu; l'Église, je m'en souviens, m'a vêtu bien souvent quand que j'étais petit. Homme, je la trouve nue; à mon tour, je la couvre... Oh! donnez, donnez tous ! que je goûte la douceur de faire pour elle une fois ce qu'elle a tant fait pour moi. »

A la consécration de cette église, faite devant six évêques, trois cents prêtres et plus de quinze mille fidèles, il récita une pièce nouvelle : *Le prêtre sans église*. Il eut un succès inouï. « Un seul fait, dit Sainte-Beuve, prouve ce succès mieux que tout. Mgr Berteaud, qui devait prêcher une heure après sur l'*Infinité de Dieu*, ayant entendu le poète, changea subitement son texte et son sujet, et développa la pensée si heureusement indiquée par Jasmin. »

Poète du bien, chantre de la vérité, Jasmin mourut pour ainsi dire en tendant la main, et le dernier chant du cygne fut un éclatant *Credo*.

Dans le mois qui précéda sa mort, il avait composé une réponse au pamphlet de Renan contre la divinité de Jésus-Christ, et voulut qu'un exemplaire de ce poème fût constamment placé sur sa poitrine pendant sa maladie. C'est encore pour se conformer aux volontés du poète expirant, que son fils mit ce poème entre ses mains, dans son cercueil.

Écoutons un écrivain célèbre nous faire le récit d'une visite au poète vers cette époque :

« Le visage était défait et fatigué, et il avait une constante expression de souffrance. Toutefois, malgré ces atteintes de l'âge et de la maladie; je retrouvai du premier coup d'œil l'homme que j'avais vu jadis au milieu des ovations et des triomphes, dans tout l'éclat de sa puissance et de son génie.

« Le front était magnifique. La bouche un peu forte, mais très belle, était singulièrement expressive et mobile; des yeux incomparables, que rien ne peut traduire et qui traduisaient tout : la bonté et la finesse, la grâce et la force, la bonhomie et le génie, ses yeux disaient tout, tout ce qui, dans l'homme, est un reflet de Dieu.

« — Connaissez-vous ma dernière pièce ? me dit Jasmin.

« — Laquelle ?

« — Ma grande pièce sur Jésus-Christ contre Renan. J'ai lu son livre, c'est un... Je lui réponds au nom de la masse populaire, au nom de la grande fourmilière de travailleurs, au nom des pauvres de la terre, à qui il veut enlever Dieu.

« Quand Jésus est descendu sur la terre, a-t-il continué en s'émouvant de plus en plus, quand il a fondé l'Église, ce sont les entrailles de Dieu qui se sont ouvertes, et son cœur est devenu le refuge des multitudes malheureuses, des pauvres, des souffreteux, des misérables. C'est pour eux qu'il est venu. C'est lui qui fait qu'au milieu de leurs douleurs et de tous leurs travaux ils sont encore heureux. C'est l'Église qui enseigne et qui console. C'est l'Église qui rend bon... Pourquoi l'homme veut-il la détruire ? Il a donc la haine du bien[1] ? Voilà mes idées, mes sentiments,

---

[1] Cet hommage à Jésus-Christ et à son Église rappelle le mot affreux d'un impie trop fameux de nos jours, qui, invité chez un ami, à Bordeaux, se mit, vers la fin du dîner, à insulter aux croyances de ses

mes croyances. Je ne sais si ce sont les vôtres, mais pour moi, Monsieur... »

« Je l'interrompis d'un geste, et mettant la main dans ma poche, j'en sortis un chapelet, qui s'y trouvait bien plus par hasard, hélas! que par de régulières habitudes de piété. Quoi qu'il en soit, ce chapelet, terminé par une croix, témoignait de mes croyances religieuses.

« — Je suis chrétien, cher poète, lui dis-je en le montrant.

« — Regarde, femme, dit-il à Mme Jasmin en m'indiquant affectueusement de la main; c'est un des nôtres : il est chrétien. »

« Nous nous serrâmes la main. Il reprit :

« — Au nom de nos populations du midi, je m'élève contre le blasphémateur qui a osé s'attaquer à Jésus! Écoutez ce que j'en dis :

« *Lou cor, pel lou senti n'a pas bezaun d'escriou;*
« *Jésus fay recoulta soun mal dins la souffrénço,*
« *Jésus es may qu'un hôme : És Diou! és Diou! és Diou! »*

Le cœur pour le sentir n'a pas besoin d'écrit;
Jésus fait récolter son miel dans la souffrance,
Jésus est plus qu'un homme : Il est Dieu! il est Dieu! il est Dieu!

« Nous nous regardâmes. Ce ne fut que l'éclair d'un coup d'œil, mais dans ce regard nos cœurs se touchèrent et se comprirent. Il me tendit les bras et je m'y jetai en pleurant.

« — Jésus est Dieu! s'écria-t-il, és Diou! és Diou! és Diou! »

---

hôtes. Et comme la maîtresse de la maison, se montrant étonnée, lui dit : « Mais d'où vient, Monsieur, que vous parlez ainsi, vous ne croyez donc pas en Dieu? — Madame, répondit-il cyniquement, je connais Dieu, mais je le hais... » C'est bien le cri de Satan.

« Cette scène ne s'effacera jamais de mon souvenir. Ce n'est que dans le bien, ce n'est que dans la vérité, ce n'est que dans la religion que de telles effusions sont possibles. Qui donc, les yeux baignés de pleurs, a jamais senti l'irrésistible besoin d'embrasser l'auteur d'un livre mauvais? Que dis-je? l'auteur d'un livre qui ne serait pas chrétien?

« — Et maintenant que nous nous sommes reposés un peu, dit le poète, retournons-nous contre l'ennemi. »

« Et il me lut alors, tout entière, cette pièce admirable dont il ne m'avait dit qu'un fragment. La vie et la mort de l'incrédule et du chrétien y forment deux tableaux saisissants, d'un contraste admirable.

« J'admirais, pendant qu'il me parlait, cette étonnante faculté que possédait Jasmin de s'emparer successivement, dès qu'il ouvrait les lèvres, de l'intelligence et de la vie de son auditoire. Son génie cherchait la beauté. Ouvrez ses écrits.

« Son âme était éprise du vrai; ouvrez encore ses livres, et interrogez l'Église infaillible qu'il a tant aimée.

« Sa volonté faisait le bien; ouvrez une dernière fois le livre de sa vie, interrogez de nouveau l'Église, et faites parler les multitudes qu'il a améliorées, qu'il a vêtues, qu'il a nourries, pour lesquelles il a bâti des écoles, des hôpitaux, des temples chrétiens, pour lesquelles il a vécu.

« Je voulus voir et toucher de mes mains sa couronne, cette célèbre couronne d'or que, dans une fête inouïe, le midi avait un jour posée sur le front du poète. Mais cette couronne, si noblement conquise, n'attira guère mon attention. J'étais tout entier absorbé dans la contemplation du poète, illuminé, pendant qu'il me parlait, par un soleil invisible. Je le vis, ce jour-là, dans tout l'éclat de son auréole et dans toute la splendeur de sa gloire.

« Tel il était lorsqu'il parcourait le midi, et que ses peuples se pressaient sur ses pas ; tel il était lorsqu'il fut couronné à Agen, par les provinces du Languedoc, de la Provence, de la Guyenne, de la Gascogne, du Périgord, comme jadis Pétrarque l'avait été à Rome.

« Quelques semaines après, le cri de deuil que poussa le midi m'apprit que la mort venait de frapper le dernier des troubadours, le plus grand, le meilleur et le plus chrétien.

« Quand il sentit approcher la fin de ses jours terrestres, il s'empressa de demander lui-même à l'Église le Pain de la vie éternelle, qu'il avait si souvent reçu devant ces mêmes autels que les dons de son génie avaient fait élever à Dieu[1]. »

M. Camille d'Arvor a écrit le récit des derniers moments du poète :

« Après avoir reçu Celui dont son dernier chant confesse la divinité, Jasmin s'entretint doucement avec sa femme, son fils et quelques amis. On ne comprenait pas que cet homme, pour qui la vie avait eu tant d'enivrement, fût aussi résigné devant la mort. Vers le matin, il prit la main de son fils, il regarda sa femme, un éclair d'amour jaillit de ses yeux ; puis il les referma. Il était mort. C'était le 5 octobre 1864.

[1] H. Lasserre.

« L'âme de Jasmin, en se trouvant en présence du Fils de Dieu, dut le saluer par ce cri de foi qui résonnait encore sur les cordes de sa lyre : És Diou! és Diou! és Diou! Il ne se présenta pas seul au jugement de Dieu : les anges de la charité et de la foi l'accompagnaient. Il arriva les mains pleines de bonnes œuvres, et pendant que, sur la terre, les hommes ont réalisé son rêve, pendant que dans cette ville d'Agen, à la place qu'il avait désignée, sa statue s'élevait au ciel, la couronne de gloire immortelle qui survit aux couronnes périssables de ce monde orne la tête du poète, qui, à notre époque intéressée, dans notre siècle matérialiste, égoïste et athée, mourut pauvre, laissant pour trésor à son fils un nom glorieux et la reconnaissance des infortunes qu'il a soulagées, et n'a chanté que l'idéal, la charité et la religion [1]. »

[1] Illustrations du xixᵉ siècle.

LABOULAYE (De)

LITTÉRATEUR, SÉNATEUR, MEMBRE DE L'INSTITUT

(1811-1883)

> « Je suis avec les prêtres et les moines partout où on les persécute. »
> (De Laboulaye.)

Cette parole courageuse a été dite par M. de Laboulaye, mort à Paris le 24 mai 1883, après avoir renié les sentiments d'hostilité qu'il a manifestés contre l'Église durant sa vie.

Né à Paris, M. de Laboulaye étudia le droit avec succès dans cette ville, et son premier ouvrage fut couronné par l'Académie des inscriptions. En 1842 il était avocat à la cour royale de Paris.

Il a écrit de nombreux volumes et une foule d'articles sur l'histoire et la religion, dans lesquels celle-ci est souvent attaquée, mais qui sont empreints d'un zèle passionné pour la liberté, considérée par lui comme une panacée universelle, applicable à tous les maux de la société.

Ce fut au contact et à l'étude des institutions américaines qu'il s'était épris d'un si ardent amour pour les idées libérales; ce fut aussi dans cet esprit qu'il fit son rapport du projet de loi sur les associations, rapport qui déplut fort à grand nombre de libéraux.

« Nous ne nous sommes pas demandé, écrivait-il, si ces associations seraient religieuses ou laïques. Que des citoyens adoptent un genre de vie et un habit particulier; c'est là un engagement de conscience, un lien spirituel absolument étranger à l'ordre civil, et dont l'État n'a point à s'inquiéter. La liberté religieuse n'est pas moins respectable que toute autre forme de liberté, et nous n'avons aucun droit d'exclure de l'enseignement des Français et des citoyens, parce qu'ils s'y croient appelés par une vocation sacrée. »

Ce sont là des idées saines et larges; toutefois ce libéralisme a son mauvais côté. « M. de Laboulaye est libéral, a dit M. Chantrel, il veut l'être dans le bon sens du mot, avec une vue plus profonde de la nature humaine et de la nature des choses; il comprendrait que plusieurs de ses principes sont à l'encontre de la liberté qu'il aime et qu'il veut respecter chez les autres. Il comprendrait, par exemple, que ce fameux mot : *l'Église libre dans l'État libre,* ne signifie rien, ou que s'il signifie quelque chose, il ne peut qu'amener la persécution de l'Église, puisqu'il est impossible qu'un État se soutienne en faisant abstraction de Dieu et des lois divines que l'Église a la mission d'enseigner. Mais, cette réserve faite, nous reconnaissons avec plaisir que M. de Laboulaye veut la liberté de l'Église et des ordres religieux, et nous recommandons aux persécuteurs la lettre suivante qu'il a adressée au journal italien la *Riforma* pour revendiquer, au nom du libéralisme tel qu'il l'entend, le droit pour les corporations religieuses et pour les jésuites d'user de la liberté générale. »

« Je vois avec regret que vous voulez supprimer les congrégations religieuses, et frapper le droit d'association même chez ceux qui, à votre avis, en usent mal, mais qui par ce mauvais usage ne font tort qu'à eux-mêmes, et ne mettent nullement en danger la liberté d'autrui.

« Que la loi permette ou interdise aux corporations de posséder le sol, c'est là une question économique qui est du ressort de la politique, je n'y fais point d'objection; mais qu'on empêche des citoyens, parce qu'ils sont moines, de s'habiller à leur façon, c'est là une entreprise sur la conscience qu'il m'est impossible d'approuver.

« On dit que laisser à l'Église ou aux jésuites le droit d'association, d'enseignement, de prédication, de propagande, c'est laisser les quatre cinquièmes de la population italienne entre les mains des plus cruels ennemis de la civilisation, des lumières, de la liberté. Raisonner ainsi, c'est se condamner; c'est déclarer que, dans un État fondé sur la souveraineté nationale, une minorité du cinquième a le droit de disposer de la croyance et de la conscience du reste de la nation; c'est la réponse de Mahomet, dans la tragédie de Voltaire, quand Zopire lui demande de quel droit il veut dominer le monde.

« Le langage de Mahomet n'est pas celui des amis de la liberté. Quoi! vous avez la presse, la tribune, le droit de réunion et d'association[1], vous pouvez faire des conférences, enseigner, fonder des bibliothèques, et vous avez peur de l'ombre d'un jésuite? Vous n'avez donc plus foi dans la vérité?

---

[1] On doit ajouter « et la bourse de l'État », qui est le nerf de la guerre contre les écoles libres.

« En ce moment M. de Bismarck engage le combat contre les évêques qui défendent leur indépendance religieuse. Il connaîtra bientôt, et à ses dépens, ce que Napoléon Ier nommait si justement *l'impuissance de la force*. Il est plus aisé d'abattre un peuple les armes à la main et de le dépouiller, que de faire céder la conscience d'une vieille femme et d'un pauvre curé.

« Pour vous, Italiens, j'avais rêvé un plus noble rôle. Vous avez proclamé le principe : *Libera Chiesa in libero Stato*. Fils aînés de la civilisation moderne, prouvez par votre exemple que cette déclaration n'est pas un mensonge. Ayez le courage d'avoir raison. Il faut traiter l'Église comme on traite les femmes, par la douceur. On n'a pas le droit d'employer la force avec elle. En respectant la liberté de vos adversaires, vous les désarmerez. Ils enseignent, dites-vous, la haine des institutions nationales; apprenez-leur à aimer ces institutions. Pourquoi voulez-vous qu'ils les aiment si elles leur apportent la persécution? Quand le premier venu peut enseigner que l'homme n'est que matière, et qu'il n'y a rien à espérer au delà du tombeau, vous ne voulez pas qu'un prêtre ou qu'un moine ait le droit de prêcher Jésus-Christ, et de proclamer au nom du divin Sauveur la doctrine de la fraternité universelle! Qu'y gagnez-vous ? Et ne voyez-vous pas que vous armez contre vous tous les pères et toutes les mères de famille qui ont souci de l'âme de leurs enfants ?

« Pour moi, il y a vingt ans que je réclame la séparation de l'Église et de l'État, par respect de la conscience individuelle et par crainte du despotisme des partis. Je me souviens qu'un jour le comte de

Montalembert me dit : « A quoi voulez-vous en arriver « avec cette séparation? — A protéger l'Église, lui « répondis-je, quand viendra la révolution. »

« La révolution est venue, elle menace des hommes dont je n'accepte pas les doctrines; mais c'est par la raison et non par la violence qu'on réfute l'erreur.

« Je suis avec les prêtres et les moines partout où on les persécute; je suis avec eux quand ils réclament la liberté, même pour en user autrement que je ne désire; je suis contre eux quand ils veulent dominer et régner. Mais pour leur résister en ce cas, je ne veux et je n'accepte d'autre arme que la liberté.

« En vérité, mon cher professeur, il est triste de penser qu'à la fin du XIX° siècle nous soyons si peu avancés qu'on recommence les fautes du XVIII°.

« Continuez de combattre avec votre courage et votre talent pour défendre vos adversaires injustement menacés, et restons tous deux fidèles à la devise des vrais libéraux : *Justice pour tous, liberté pour tous.* »

« Votre bien dévoué,

« Ed. Laboulaye. »

En 1878, M. de Laboulaye, président l'Institut, prononça lors de la séance publique des cinq classes un important discours qui n'est pas sur les banalités d'usage. Il eut le courage d'y attaquer la théorie de l'évolution de Darwin, et en démontra la fausseté au point de vue de la science.

Il a fait ainsi une bonne œuvre, une œuvre saine et hardie, en remontant le courant de l'opinion matérielle et athée, au scandale de la presse, qui se targue de penser librement, c'est-à-dire d'humilier chaque jour la pensée humaine, en la ravalant au niveau des fonctions de la brute. Cette énergie à combattre le matérialisme prouvait, en M. de Laboulaye, des tendances vers le catholicisme qui ne devaient pas tarder à se manifester à la première occasion favorable, à l'heure de la grâce.

Cette heure est venue. Voici en quels termes une feuille catholique (le *Pèlerin*) annonçait cette bonne nouvelle en juin 1883.

« Deux universitaires, que leur guerre contre l'Église nous a fait attaquer autrefois avec force, viennent de trouver que nous avions raison, et, par la grandeur de leur retour à Dieu, nous excitent à leur faire excuse de nos colères. Pour le premier, ces excuses se traduiront en une prière. C'est M. de Laboulaye, professeur au Collège de France, mort en bon chrétien, après avoir été amené par les excès de ses confrères à voter pour nous à la fin de sa vie. »

Par un codicille ajouté à son testament, lisons-nous dans le *Polybiblion* du mois de juin 1883, M. de Laboulaye, qui était officier de la Légion d'honneur, a ordonné que ses obsèques aient lieu sans pompe, sans cortège militaire, et qu'il n'y fût prononcé aucun discours. Il a témoigné le désir d'être accompagné à sa dernière demeure par des amis et des confrères dont il sollicitait « les prières pour un pécheur qui en a grand besoin ». Telles sont ses paroles.

C'est dans cette pensée d'humilité chrétienne que M. de Laboulaye a déposé son dernier vœu et aussi sa suprême leçon à l'adresse de ses contemporains.

LAMORICIÈRE

GÉNÉRAL, DÉPUTÉ, VICE-PRÉSIDENT DE L'ASSEMBLÉE LÉGISLATIVE,
SOLDAT DE LA FRANCE ET DE L'ÉGLISE

(1806-1865)

> « *Spes mea, Deus;* Mon espoir, c'est Dieu. » (Devise de Lamoricière.)

« Lamoricière, a dit justement un écrivain, fut le chevalier par excellence : il ne vécut que pour se dévouer. Il a sacrifié à sa patrie le repos, la santé, les joies de la famille; il a sacrifié à la défense de l'Église le glorieux prestige d'une fortune invincible; il a couronné sa carrière en rendant son âme à Dieu avec la simplicité d'un enfant, avec la force d'un martyr. »

Léon Juchault de Lamoricière naquit le 5 février 1806, sur le champ de bataille encore sanglant où les Vendéens avaient soutenu une lutte de géants contre les soldats de la grande Révolution. Son père, proscrit par cette Révolution, avait pris les armes pour venger la mort de Louis XVI; sa mère, au contraire, était la fille d'un ardent républicain, M. de Robineau, qui, en 1793, s'était signalé à la tête de la cavalerie nantaise contre les héros de la Vendée. Malgré cette diversité d'opinions politiques, une même foi religieuse réunissait les deux familles. M. de Robineau avait offert un asile aux religieux persécutés, et sa femme avait relevé l'autel du Loroux renversé par les bandes révolutionnaires.

Le jeune Léon, qui fut plus tard général, était ardent aux jeux de son âge. On le voyait cherchant les enfants du voisinage pour les ranger en bataille, ou courant à cheval sur un petit poney de Noirmoutier. Rien ne pouvait l'arracher à ces ébats, si ce n'est la vue d'un pauvre; alors il demandait quelques sous à sa bonne, ou allait furtivement à la cuisine y détacher des mets ou un gibier pour les porter au mendiant. Son père prit soin de lui donner une sérieuse instruction religieuse. Dès l'âge de quinze ans, Léon eut le malheur de le perdre.

Ses classes terminées, brillant élève de l'École polytechnique, Lamoricière embrassa la carrière militaire, et s'y signala bientôt par son énergie, son intelligence et sa bravoure. Envoyé comme lieutenant en Afrique, il se distingua sur tous les champs de bataille.

Cependant sa jeunesse ne fut pas exempte de funestes illusions. Pendant ses études militaires, il trempa dans le saint-simonisme, et s'il n'embrassa pas complètement cette doctrine, sa foi religieuse en ressentit les atteintes.

A la prise d'Alger, ce fut Lamoricière qui, en récompense de son admirable bravoure, fut chargé de hisser le drapeau français sur la Kasbah ou château du dey.

Dès 1831, il était nommé capitaine et chargé d'organiser le corps des zouaves, auquel il donna toute sa valeur. Il était colonel de ses chers zouaves lorsque l'assaut fut donné à Constantine. « Si la moitié de vos hommes tombent sur la brèche, avait demandé le général en chef, les autres tiendront-ils?

— J'en réponds.

— Eh bien! vous aurez le commandement de la première colonne. »

L'événement prouva qu'il avait dit vrai. Constantine fut prise. Lamoricière blessé d'un coup de feu, brûlé aux mains et au visage, vit apporter sur son lit le grand drapeau rouge pris sur la brèche.

Parmi les officiers de l'armée d'Afrique, il était le seul qui comprît et parlât parfaitement l'arabe : dès lors lui seul pouvait traiter directement avec les chefs de tribu. Le lieu des séances n'était pas un palais somptueux, mais le pied d'un palmier, où le négociateur, armé jusqu'aux dents, rappelait nos anciens chevaliers, qui, au milieu des Sarrasins, avaient plus d'une fois besoin de tirer l'épée pour faire respecter leur caractère d'ambassadeur.

A trente-quatre ans, nommé maréchal de camp, il fut chargé du gouvernement de la province d'Oran : c'était le poste le plus important d'Algérie, à cause des opérations qui allaient s'exécuter. L'état des mœurs y était déplorable. Désabusé des idées modernes pour civiliser les Arabes, Lamoricière pensa que la religion seule arrêterait le mal.

En ce moment débarquait à Oran un jésuite, le P. Pascalin, que ses supérieurs destinaient à établir une maison dans cette ville. Le religieux alla offrir ses services au commandant. Le titre de jésuite, qui soulevait alors de si étranges préventions, pouvait faire craindre des tracasseries de la part du gouvernement. Lamoricière ne s'en préoccupa point : « Jésuite ou non, dit-il au P. Pascalin en lui prenant la main,

Enfin l'œuvre du brave général fut couronnée de succès, après cinq années de lutte, par la prise d'Abd-el-Kader, qui ne voulut remettre son yatagan qu'entre les mains de son intrépide vainqueur.

Nous ne parlerons pas ici de la vie politique de Lamoricière. Tel n'est pas notre but. Il joua un rôle considérable en juin 48. Il se prodigua pour soutenir le moral des soldats, et eut deux chevaux tués sous lui : « Merci, lui écrivait le chef de l'État, Cavaignac; vous avez été grand, plus grand que vous-même pendant ces quatre journées. La patrie vous en remercie par ma voix. »

Ministre de la guerre, ayant renoncé à toutes ses utopies socialistes, il favorisa de tout son pouvoir le progrès de la religion en Algérie. Il avait été élu député de Saint-Calais, puis réélu à l'Assemblée législative; il en devint vice-président et combattit la politique du prince Louis-Napoléon, fut arrêté le 2 décembre avec les généraux Changarnier, Bedeau, Cavaignac et Leflô, subit à Mazas, puis à Ham, une dure captivité, et enfin fut envoyé en exil.

L'heure fixée par Dieu pour parler à cette âme d'élite était venue. Dans les loisirs de son exil, le cœur brisé par l'ingratitude de sa patrie, Lamoricière se mit à étudier à fond la vérité catholique. A cette lumière, il découvrit l'inanité des systèmes politiques qu'il avait un moment rêvés, et voyant se dissiper les illusions de la terre, il se tourna vers le ciel. Bien que, depuis les campagnes d'Afrique, il eût favorisé la religion et qu'il la voulût pour les autres, il n'en avait pas encore demandé pour lui-même. Mais, pendant le carême de 1855, le général suivit à Bruxelles

les instructions du P. Deschamp, depuis archevêque de Malines. Lamoricière avait à vaincre bien des préjugés et des répugnances, mais dans ce combat le chrétien fut digne du soldat. Il lui fallait, a dit Mgr Dupanloup, entrer dans la place par la brèche que nul ne fait qu'à genoux, mais pour se relever plus grand, et entrer dans la vie chrétienne avec toutes les puissances de son âme. »

Il avait rempli son devoir pascal à la fin du carême de 1855. La grâce, en transformant le noble proscrit, le préparait à une grande mission.

Dès lors, loin de cacher sa foi, il était heureux d'en faire part, comme d'un trésor qu'il aurait voulu communiquer aux autres.

« Moi qui vous parle, disait-il, j'ai étudié toutes les sciences, excepté la première... J'ai examiné les effets et oublié la cause. Aussi je travaille, avec toute l'énergie dont je suis capable, à remettre de l'ordre en moi, et je reconquiers chaque vérité peu à peu. »

Un jour M. Thiers, à Bruxelles, pria le général de venir le trouver le lendemain à sept heures, pour visiter avec lui le champ de bataille de Waterloo dont il devait écrire l'histoire. « Je serai chez vous à huit heures, non à sept, répondit Lamoricière, car je vais à la messe. »

Il avait frappé juste : le grand historien lui avoua en chemin qu'il avait un immense besoin de la foi, et qu'il lui enviait le bonheur de croire.

Un autre jour, encore à Bruxelles, un ancien collègue, qui lui avait connu d'autres sentiments, le trouva penché sur ses cartes, où il marquait avec une fiévreuse anxiété les progrès de nos armes en Crimée. Pour assujettir ces cartes déroulées, il avait employé ses livres usuels, le *Catéchisme* d'abord, son livre de messe, puis l'*Imitation de Jésus-Christ*, et un volume du P. Gratry. A la vue de ces ouvrages, le visiteur ne put dissimuler sa surprise. « Eh bien, oui, lui dit le général, j'en suis là, je m'occupe de cela; je ne veux pas rester comme vous le pied en l'air, entre le ciel et la terre, entre le jour et la nuit. Je veux savoir où je vais, à quoi m'en tenir, et je n'en fais pas mystère. »

Quand il s'agissait de stigmatiser les libres penseurs, converti à la pratique religieuse, Lamoricière retrouvait toute sa verve.

« J'ai vu de près ces gens-là, disait-il, je les ai pratiqués. Ils s'appellent libres, et ils sont esclaves; ils se croient gens d'esprit, et Dieu sait quelle est la légèreté de leur cuirasse. Ils ont peur de la vérité. Ils se contentent de dire : j'ai mes principes, j'ai mes convictions, la science a parlé; et ils n'ont pas ouvert de bonne foi, sérieusement, un seul livre catholique. Ils ne lisent rien, ils ne discutent rien. O Pascal! où es-tu avec ton fouet, pour flageller ces insensés qui se mentent à eux-mêmes? »

Dans une autre circonstance, apostrophant un de ces chefs de morale indépendante : « Que veux-tu, lui disait-il sans crainte, avec tes livres et tes discours? Tu veux détruire le christianisme, le déshonorer, l'étouffer dans la boue? Mais as-tu, du moins, quelque chose à mettre à la place? Qu'est-ce que tu as? Tu as tes opinions, tes systèmes, tes désirs? Tu as du style, tu as de la colère, tu as toi, ta raison, ta volonté, tes passions?

« Tu as du nouveau, dis-tu? Mais, tiens, je préfère de beaucoup le vieux au nouveau. Car le vieux, c'est Dieu; le nouveau, c'est toi. Le vieux, c'est la vérité prouvée; le nouveau, c'est la morale en l'air. Le vieux fait des hommes, des citoyens, des cœurs, des héros; le nouveau ne fera jamais que des furieux, des malheureux, des enragés, des sauvages. »

Nous l'avons bien vu depuis Lamoricière. Qu'aurait pu ajouter à ces paroles le brave général, s'il avait vécu en 1871?

C'est qu'en effet le zélé converti avait commencé depuis longtemps à asseoir sa foi sur des bases solides. Pie IX s'en aperçut plus tard, et lui dit :

« Ah ça ! mon cher général, s'écria le pape en lui prenant les mains, où avez-vous fait votre cours de patrologie?

— Dans les camps, en Afrique, très saint père. Que voulez-vous? Un soldat ne peut pas se battre tous les jours, et j'ai lu les Pères, je les ai lus avec amour; ce sont eux qui m'ont enseigné qu'il y avait une gloire au-dessus de la gloire, la gloire d'être vaincu pour le Christ, supérieure à la gloire de vaincre pour le monde. »

Pie IX, abandonné des gouvernements, afin de défendre les droits sacrés de l'Église, résolut de faire appel au dévouement individuel de ses enfants. Au mois de mars 1860, M. de Corcelle, chargé de sonder les dispositions du général, lui demanda ce qu'il pensait du commandement de l'armée du pape : « Je pense, répondit-il, que c'est une cause pour laquelle je serais heureux de mourir. »

Il y a, dans cette parole, le dévouement du héros chrétien et du martyr.

Mgr de Mérode reçut mission de faire la proposition à Lamoricière:

« Un soir, raconte Mgr Dupanloup dans son oraison funèbre, un général, un jeune homme et un prêtre étaient réunis au château de Prouzel. On discutait la question de savoir si le général irait se mettre à la tête de l'armée du pape.

« Il ne s'agissait pas d'augmenter sa gloire, mais de la sacrifier; d'illustrer sa vie, mais de l'exposer. On lui demandait de quitter la France et de prendre le commandement d'une poignée de jeunes gens qui n'avaient jamais vu le feu, ne parlant pas la même langue, mais ralliés par la foi, sur un territoire pris entre deux armées, dix fois plus nombreuses, plus aguerries, mieux équipées. Il s'agissait de passer pour un étourdi aux yeux des sages, pour un factieux aux yeux des politiques, pour un chef aventureux aux yeux des militaires; en deux mots, de combattre sans espoir de mourir et de vaincre. Le prêtre insistait, le jeune homme hésitait, le général méditait.

« Tout à coup le guerrier se lève et dit d'une voix nette et calme: « J'irai. »

« Le général marcha pour la première fois à une défaite. Il devait être vaincu comme les croisés, dont les défaites ont sauvé l'Europe et la civilisation; vaincu, mais après avoir taché de sang les mains des envahisseurs, et ce sang ne s'effacera jamais. »

Il est facile de deviner par le caractère du général avec quelle générosité il s'était donné à Dieu et à son représentant ici-bas.

On sait l'admirable activité que déploya Lamoricière dans l'organisation de la défense, qui devait aboutir, par la perfidie révolutionnaire et la trahison des politiques, au guet-apens de Castelfidardo. Il n'eut la gloire ni de vaincre ni de mourir pour la cause de Pie IX et de l'Église. Il revint en France, et, retiré en son pays, il vécut dans la retraite, édifiant tous ceux qui l'entouraient par la pratique des plus belles vertus, faisant lui-même la prière en commun avec ses enfants et ses serviteurs. La mort ne le surprit pas : il était prêt.

En 1865, Lamoricière se trouvait dans sa propriété de Prouzel, près d'Amiens, et il se préparait à rejoindre sa famille en Anjou, quand, dans la nuit du 7 septembre, il fut pris d'étouffements subits, qui avaient failli plusieurs fois l'enlever depuis son séjour à Ham.

Ce grand chrétien ne se dissimule point le danger, et, d'une voix entrecoupée, il demande aussitôt non pas un médecin, mais le prêtre. M. le curé accourt, et le trouve agenouillé au pied de son lit, pressant le crucifix sur ses lèvres. Le prêtre se met à genoux près de lui, lui donne l'absolution, puis il veut le relever.

Le mourant n'avait plus de parole, mais son œil encore vivant indiquait qu'il avait tout compris.

Un instant après il rendait le dernier soupir.

C'était à genoux qu'avait voulu mourir ce vaillant soldat de Dieu. Jusqu'au bout il affirma les droits de l'Église : sa mort même était la condamnation de ceux qui prétendent empêcher le soldat de prier.

LAPLACE

MATHÉMATICIEN, DE L'ACADÉMIE DES SCIENCES, MINISTRE, SÉNATEUR

(1749-1827)

> « J'atteste le Dieu que je vais recevoir, et devant qui je vais paraître, que si j'ai paru peu chrétien, ce n'a jamais été par conviction, mais par respect humain, par vanité, et pour plaire à telles ou telles personnes. »
>
> (LAPLACE.)

Le grand Laplace, que l'étranger envie à la France, né à Beaumont-en-Auge (Calvados), de pauvres cultivateurs, montra de bonne heure les plus grandes aptitudes pour les sciences.

A dix-huit ans il était professeur de mathématiques à l'École militaire de Paris, et dès 1773 l'Académie des sciences lui ouvrit ses portes. Après les travaux d'Euler, de Dalembert, de Lagrange, il restait encore bien des régions de la science astronomique à explorer, Laplace résolut de les parcourir.

Il rassembla dans ce but tous les travaux accomplis jusque-là, et rechercha la raison des phénomènes non expliqués, en n'admettant que le principe de Newton. Telle est l'origine du grand et immortel ouvrage intitulé : *Traité de la mécanique céleste*. Dans l'étude des satellites de Jupiter, le célèbre astronome a trouvé des lois qui portent son nom, et il a donné des marées une théorie analytique, qui permet d'en prédire la hauteur. La *Mécanique céleste* est un ouvrage hors ligne par l'importance des solutions, l'ordre, la clarté, la beauté de l'exposition.

Laplace étudia aussi d'autres branches des sciences où il a excellé. Il s'est uni à Lavoisier pour des *Recherches sur le calorique* et sur la *Théorie des vapeurs et de l'électricité*, et à Condorcet pour des travaux de statique.

Après le 18 brumaire, Laplace fut ministre de l'intérieur ; il entra ensuite au sénat dont il fut vice-président, puis chancelier en 1803. Deux ans après, renonçant aux traditions de la Révolution, il fit un rapport sur la nécessité d'abandonner le calendrier de la république pour reprendre le calendrier grégorien.

En 1808, il fut créé comte de l'empire, puis vota la déchéance de Napoléon en 1814, et fut nommé pair de France par Louis XVIII et marquis. Ainsi ses talents et ses services furent appréciés par les divers gouvernements.

Nous n'aurions pas inséré ici le nom du grand astronome si nous n'avions eu la joie de constater qu'il est mort dans d'excellents sentiments, et si nous n'avions besoin en même temps de réhabiliter sa mémoire en prouvant qu'il n'a jamais prononcé la parole athée que lui attribue Arago, et qu'on retrouve partout dans les livres qui parlent de lui.

Napoléon Ier, qui était membre de l'Institut, aurait interpellé Laplace en ces termes : « Et vous, monsieur Laplace, qui avez arraché au ciel tant de secrets, ne chanterez-vous pas aussi bientôt votre hymne à la gloire du Créateur? »

Et celui-ci aurait répondu, d'après Arago : « Sire, j'ai pu constituer et expliquer les cieux sans même recourir à l'hypothèse de l'existence de Dieu. »

Or nous avons, contre l'affirmation gratuite d'Arago, le témoignage des deux représentants les plus autorisés de la science contemporaine, M. Faye et l'abbé Moigno.

Le premier, membre de l'Académie des sciences et président du Bureau des longitudes, à propos d'un travail récent qu'il a fait paraître sur l'origine du monde et dont les principes concordent avec le récit de Moïse, justifie absolument Laplace, en affirmant que « sa pensée a été travestie par un écrivain intéressé à le montrer athée », et qu'il n'a jamais prononcé la phrase tristement célèbre [1].

Le second, l'illustre abbé Moigno, rédacteur du *Cosmos* et des *Mondes*, qui avait connu Laplace, dit à ce sujet : « J'ai cherché et fait chercher, dans tous les souvenirs de Sainte-Hélène et ailleurs, le récit que l'on mettait dans la bouche de l'empereur, et, je suis heureux de pouvoir le dire, il n'est nullement prouvé qu'en effet Laplace ait hasardé la phrase par trop orgueilleuse qu'on lui prête. Il ne pouvait pas être, et il n'était pas athée... Laplace, d'ailleurs, pendant toute la Restauration, à la Chambre des pairs comme à l'Académie des sciences et au Bureau des longitudes, ne s'est jamais montré hostile aux saines doctrines. A Arcueil, où il passait l'été, comme à Paris, rue du Bac, où il passait l'hiver, il était en

---

[1] V. *Cosmos.* Année 1884. N° X, p. 435.

très bonnes relations avec le curé de sa paroisse, et sur son lit de mort, en 1827, il voulut être assisté par ces deux vénérables ecclésiastiques[1]. »

C'est assez pour le laver de la calomnie portée contre lui par Arago. Laplace, du reste, a pris soin d'affirmer sa foi chrétienne sur le point de mourir. Voici quelques détails sur ses derniers moments.

Après avoir émis dans plusieurs de ses ouvrages des principes d'incrédulité qu'il n'exposait pas par conviction, mais en sacrifiant aux préjugés de son temps, Laplace sur la fin de sa vie avait enfin courbé sa raison sous le joug de la foi. Aussi non seulement il ne se contenta pas de demander un prêtre à l'heure de la mort, mais de plus il reçut dans le saint Viatique, avec une parfaite connaissance et des marques non équivoques de piété, le Dieu dont il avait découvert les lois admirables dans la *Mécanique céleste*, et mourut en vrai croyant et en bon catholique, le 6 mars 1827. Avant de recevoir la sainte communion, il affirma ses croyances par ces remarquables paroles, qui suffisent à effacer les mauvaises pages de quelques-uns de ses écrits et l'assertion d'Arago : « J'atteste le Dieu que je vais recevoir et devant qui je vais paraître, que si j'ai paru peu chrétien dans mes actions, dans mes discours et mes écrits, ce n'a jamais été par conviction, mais par respect humain, par vanité, et pour plaire à telles ou telles personnes. »

Il eut ainsi une gloire plus grande que celle que lui avait conquise son génie, celle de reconnaître sur lui-même le droit suprême du Créateur des mondes.

---

[1] *Splendeurs de la foi*, t. III, p. 1512-1514.

LE PLAY

ÉCONOMISTE, CONSEILLER D'ÉTAT

(1806-1882)

> « Après avoir écouté tous les novateurs contemporains, j'ai toujours été ramené à la vérité que j'avais reçue de ma mère à l'âge de cinq ans... Le plus grand de nos devoirs est d'acheminer, par notre exemple, nos contemporains vers la vie éternelle. » (Le Play.)

Comme beaucoup d'hommes célèbres de notre époque, Frédéric Le Play a marché longtemps dans le pénible chemin de la science avant d'arriver au but qu'il méritait d'atteindre. Il n'y est parvenu qu'à force de travail et de patience dans ses longues observations de plus d'un demi-siècle dans l'Europe entière[1].

Frédéric Le Play naquit le 11 avril 1806 près de Honfleur, et perdit de bonne heure son père, qui avait un modeste emploi dans les douanes. Sa mère occupe une grande place dans sa vie : c'était une forte chrétienne, dont l'énergie fut tempérée par une bonté devenue proverbiale, et qui sut élever ses deux enfants dans le travail, la sobriété et la foi.

Les cinq premières années de Frédéric se sont passées sur les bords de la Basse-Seine, près de Hon-

---

[1] Nous ne faisons que résumer une excellente étude consacrée à cet homme éminent dans *La Foi et ses victoires*, par M. l'abbé Baunard.

fleur ; puis Paris devint sa seconde patrie, grâce à l'affection de son oncle qui l'y amena à l'âge de six ans. Là, tout était changé pour le jeune enfant, l'habitation, la nourriture, la vie de l'école, la société. Mais il avoue que la vue de la grande ville produisit sur lui « l'impression fâcheuse qu'il ressentit toujours depuis à la vue des villes ». Son oncle et les amis de son oncle, ses compagnons d'école et ses maîtres eurent bientôt remarqué l'intelligence si vive du petit Normand. Un prêtre, M. l'abbé Bazire, compléta l'instruction religieuse de cet enfant de dix ans, pour lequel il devint un ami et un père.

Nous ne suivrons pas Frédéric Le Play dans les différentes situations qu'il occupa, au collège du Havre, où sa mère le suivit avec sollicitude, puis à Saint-Lô dans le bureau d'un ingénieur, M. de la Vanterie, qui l'avait pris en affection. C'est aux premiers jours de 1824 que Le Play retourna à Paris, pour y suivre successivement l'enseignement scientifique du collège Saint-Louis, de l'École polytechnique et de l'École des mines.

De 1827 à 1829, on s'occupait beaucoup de politique autour de lui, Le Play ne s'occupait que de mathématiques. Les croyances religieuses allaient à la dérive sur ce torrent d'opinions : seuls quelques étudiants résistaient au courant, et, parmi eux, Alphonse Gratry, qui fut depuis le célèbre P. Gratry, et auquel Le Play s'attacha surtout. Après deux années seulement d'études à l'école des mines, il en sortit avec un succès que n'avait jamais atteint un élève de quatrième année, au témoignage de M. Becquey, directeur général des ponts et chaussées.

Une belle carrière s'ouvrait devant lui.

Une remarque importante pour l'apprécier, c'est que dans le quartier latin il s'était toujours conservé pur et chaste, et il avait, certes, d'autant plus de mérite que cette conduite n'est pas d'ordinaire si commune.

L'esprit en lui était aussi haut que le cœur : « Quand Le Play, à sa sortie de l'école des mines, eut reçu sa nomination, il s'en fut voir sa famille. Il avait une sœur, Céline, et s'adressant à elle : « Tends-moi ton tablier », et à l'instant il y jeta les titres qui constituaient sa part de l'héritage paternel. « A toi tout, reprit-il ; quand un homme a une carrière, il serait un lâche, s'il ne se suffisait pas à lui-même. »

On ne peut parler et agir plus noblement.

Malheureusement, ses sentiments chrétiens ne furent pas à cette hauteur : aussi bien en perdons-nous la trace dans les premières années de sa carrière d'ingénieur. Lui-même n'a pas semblé s'en rendre compte : « C'est chose monstrueuse, mais chose d'expérience, que celle-là. On s'est séparé de Dieu, on a rompu avec lui sans que la rupture se soit fait sentir par un brisement : le lien qui nous rattachait à la vie éternelle n'était plus qu'un fil. Le fil a cessé de tenir sans qu'on s'en soit aperçu. Quand et comment s'est faite la séparation, on ne saurait le dire. »

Cependant on peut en soupçonner les causes générales. D'abord, l'insuffisance d'instruction religieuse en lui ; puis, dans une vie qui n'a guère été qu'une suite non interrompue de voyages à travers l'Europe, le contact de tous les cultes, la connaissance de toutes les erreurs jetant la confusion dans son esprit déjà disposé à trouver du vrai et du bon jusque dans l'erreur même ; enfin, toujours très fidèle à observer, il ne le fut pas toujours à conclure. La religion, comme tout le reste, était pour lui matière à observation ; il s'en tenait à distance pour la mieux juger et pratiquait le doute à la manière de Descartes.

Se sentant plutôt attiré vers les études d'économie sociale que vers celles de son état, il résolut, dans ses voyages, d'étudier de près les mœurs des peuples, et de chercher les remèdes à apporter aux maux dont souffraient les sociétés.

Il avait débuté par l'Espagne en 1823 ; plus tard, depuis 1825, il visite la Belgique, l'Angleterre, l'Écosse et l'Irlande, puis l'Autriche, les provinces du Danube et les steppes de la mer Noire. Depuis 1842, il parcourt de nouveau l'Angleterre, le Danemark, la Suède et la Norvège, la Belgique, l'Autriche, l'Italie du Nord, la Suisse, l'Auvergne, les provinces rhénanes, enfin de nouveau l'Autriche, puis la Russie en 1853.

Sans doute, dans ses courses multipliées, il étudiait les métaux, les plombs et les cuivres, les terrains carbonifères, les gisements d'or et d'argent, de cuivre et de fer, tous les faits géologiques, minéralogiques, métallurgiques, sur lesquels des comptes rendus étaient publiés dans les revues, ou développés dans sa chaire de métallurgie à l'École des mines ; mais son étude la plus attrayante était celle des hommes et des mœurs. C'est ce sol moral qu'il fouillait, sur lequel il questionnait sans cesse. C'est par là qu'il a amoncelé tant de documents, desquels plus tard il tira ses conclusions et qui servirent de matériaux à ses ouvrages.

C'est en 1855 que Le Play fit paraître le premier volume de ses *Ouvriers européens*, qui fut couronné par l'Académie française ; les autres suivirent de près. Il y constatait, d'après ses longues observations, et désignait certaines nations tombant ou déjà arrivées à la décadence. La France en était une. Il n'avait pas de peine à en trouver la cause dans les principes de 89.

A la vérité, il y respecte généralement la religion catholique, mais il l'attaque quelquefois ; par exemple, en disant que les catholiques ont été plus souvent oppresseurs que les protestants et les sceptiques, en affirmant que Montesquieu et Voltaire ont garanti la société française de la dégradation, où la perte des croyances et des mœurs avait plongé tant de peuples ; erreurs qu'il a reconnues plus tard, mais qu'il n'a pas moins propagées à cette époque de sa vie.

En résumé, des trois bases de la foi catholique, Dieu, Jésus-Christ, l'Église, Le Play défendait la première, respectait la seconde, ne comprenait pas la troisième. L'Église est l'autorité, et lui ne comprenait et ne voulait alors que la liberté ou plutôt le libéralisme, ce qui est tout différent. Nous le verrons plus tard répudier ses erreurs.

Cependant cet ouvrage avait une grande valeur, car des catholiques, comme Montalembert, en étaient émerveillés, et celui-ci écrivait à cette époque : « Je vis en communication intime avec ce livre. Je le lis, je l'annote, je m'en imbibe goutte à goutte. »

L'empereur Napoléon III, lui-même, était entré dans les vues que l'auteur y avait émises ; et, dans la session de 1865, il fit présenter à la Chambre un projet de loi favorable à l'accroissement de la puissance paternelle. Mais ce projet fut repoussé comme l'avait été déjà un premier, et l'Empereur, rebuté par cet échec dans les questions sociales, se retourna vers la politique.

M. Le Play, rompant avec les préjugés dominant dans l'école de J.-J. Rousseau, a eu le courage de lutter contre les philosophes et les politiques de son époque, et d'affirmer nettement la chute originelle de l'homme, doctrine qui répugne si profondément à l'orgueil de nos contemporains.

Ce qu'il a observé, ce qu'il a constaté partout, c'est le fait de l'inclination au mal dès l'enfance. Aussi a-t-il écrit que « le premier but de l'éducation est de dompter ces inclinations de l'enfance », et qu'à cette œuvre il faut, avec la main du maître, celle du père et du prêtre. Donc la doctrine de la bonté originelle est fausse : c'est le premier fait.

Ses conséquences sont désastreuses: c'est le second.

Elles aboutissent à trois dogmes révolutionnaires : « la liberté systématique, l'égalité providentielle et le droit de révolte. » C'est l'erreur mère, le principe des autres.

Ce premier principe posé, un second était nécessaire. L'homme n'est pas bon, donc il lui faut une loi qui le contraigne au bien, pour le mener au bonheur. Quelle est cette loi du bien et de la félicité? Toutes observations faites, Le Play constate que ce qui fait les nations prospères, c'est l'observation du Décalogue. « Les peuples se sont élevés en pratiquant le Décalogue ; ils sont retombés dès qu'ils l'ont mis en oubli... Depuis les premiers âges de l'histoire, on voit prospérer les peuples soumis à cette loi suprême, souffrir ceux qui la violent, périr ceux qui la persécutent dans leur révolte. »

Tout est là pour le profond observateur; c'est la conséquence à laquelle ont abouti toutes ses conquêtes, toutes ses réflexions. Il en fait la base de son système d'économie sociale. Ce sera aussi le point de départ de son retour au Dieu qu'il a abandonné. C'est la vérité qu'il redit, sous toutes les formes, pour en pénétrer ses lecteurs et les entraîner avec lui vers la vérité : « Dieu n'a permis les menaces du communisme que pour nous obliger à nous serrer, dans la sainte Église, autour du Décalogue éternel, sans lequel il n'y a plus ni autorité, ni respect, ni loi, ni famille, ni propriété, ni raison, ni droit, ni devoir, ni société humaine, ni humanité sur la terre. »

Il allait aux socialistes, et il leur jetait à la face, pour les faire rougir, cette page de Proudhon : « Quel magnifique symbole que le Décalogue! quel philosophe, quel législateur que celui qui a établi de pareilles catégories, et qui a su remplir ce cadre! Chercher dans tous les devoirs de l'homme et du citoyen quelque chose qui ne ramène point à cela, vous ne le trouverez point. Au contraire, si vous me trouvez quelque part un seul précepte, une seule obligation irréductible à cette mesure, d'avance je suis fondé à déclarer cette obligation, ce précepte hors de la conscience, et par conséquent arbitraire, injuste, immoral. »

On voit qu'il avançait vers la foi catholique. A mesure que la lumière divine et le flambeau de l'observation des mœurs humaines éclairaient son esprit, il comprenait mieux l'économie du plan de Dieu dans la rédemption du monde, et lui, qui autrefois voulait le moins d'autorité possible, arrivait à conclure la nécessité d'une autorité infaillible. Aussi quand il voit le P. Gratry, son ami, amonceler pendant le concile du Vatican des objections contre ce privilège de l'infaillibilité du pape, Le Play lui fait cette observation : « Mon cher Gratry, tu as tort, tu soutiens une cause mauvaise. L'infaillibilité est la plus haute expression du principe d'autorité. C'est un devoir pour nous, au seul point de vue social, d'accepter et d'appuyer cette proclamation. »

« J'ai raconté ailleurs, ajoute M. Baunard, d'après les mémoires du vicomte de Melun, qu'un jour un triste religieux était venu exposer à M. Le Play son plan de réformation, se flattant de l'appui des hommes les plus distingués du parti catholique. Celui-ci le laissa dire, puis pour toute réponse : « Mon Père, vous vous trompez, lui dit-il résolument. Les hommes distingués ne vous suivront pas dans cette nouvelle voie. Soyez sûr, au contraire, que le jour où vous quitterez la vieille et grande Église, ils vous laisseront seul, et il ne vous restera plus que la dernière ressource des prêtres défroqués : celle de vous faire cocher de fiacre. »

« Et de vrai, quelle triste figure et quel honteux attelage que celui des vieux catholiques de Genève [1] ! »

Ces progrès de Le Play vers la vérité religieuse ne venaient pas seulement de ses études et de ses observations, mais aussi des saintes influences du milieu où il vivait, de ses disciples dont la plupart étaient chrétiens, de son foyer domestique, et de la société

---

[1] Vicomte de Melun.

de quelques prêtres illustres, tels que le P. Félix.

Puis vint le 4 septembre, qui brisa les liens, souvent funestes, qui l'attachaient à la cour impériale et le laissa plus maître de se donner à Dieu.

Après tant de travaux et de recherches, Le Play était revenu peu à peu « à la vérité qu'il avait reçue de sa mère à l'âge de cinq ans ». Il n'avait rien trouvé de nouveau, mais « il avait confirmé par son expérience tout ce qu'il avait reçu de la tradition des aïeux, et il rentrait, enfant prodigue de la science sociale, dans cette maison de la foi où se trouvait réuni tout ce qu'il était allé chercher si loin, au prix de tant de déceptions et de fatigues. » Cette foi était entière. Il n'y voulait pas de réserve, même sur les objets qui hier effarouchaient les préventions de son libéralisme. « Pour moi, disait-il un jour, plus de deux ans avant de mourir, à M. l'abbé Riche, je serais prêt à signer le Syllabus ; car, enfin, on est catholique ou on ne l'est pas, et je le suis. »

C'est à dater de 1879 que Le Play avait franchi le pas suprême :

Voici comment M. Baunard, d'après M. l'abbé Riche, de Saint-Sulpice, rapporte cet important événement :

« Monsieur, me dit M. Le Play, je me sens dangereusement malade. Je vous prie de m'aider à régler devant Dieu les comptes de ma conscience.

« — Je ne suis pas surpris de vos dispositions, lui répondis-je : celui qui accomplit la vérité vient à la lumière : *Qui facit veritatem ad lucem.*

« — Oui, reprit M. Le Play, pour ma conscience et par devoir personnel d'abord ; et puis pour m'acquitter d'ailleurs de ce que je considère comme un devoir social. Je ne suis pas seulement religieux par principe et par sentiment intime; je veux l'être en pratique. Je suis chrétien et catholique, c'est comme tel que je veux mourir, après avoir accompli tous mes devoirs. Je dois cet exemple à ma famille, à mes amis, à tous ceux qui me connaissent : je suis prêt à le leur donner. Et si vous croyez que je doive le faire par quelque acte public, dites-moi de quelle manière je devrai l'exprimer, je le ferai.

« — Ce que je vous demanderai d'abord, répondis-je, c'est de vous incliner dans un sentiment d'humilité profonde devant Dieu. En sa présence, le plus honnête homme du monde doit se reconnaître coupable, et par conséquent indigne de ses bontés.

« — Je l'ai toujours reconnu, dit-il, et je le sens maintenant plus que jamais.

« — Le seul acte que je vous demande, ajoutai-je, au bénéfice de votre conscience d'abord, puis pour l'édification publique, c'est de recevoir aujourd'hui même la sainte communion.

« — Oui, me répond-il, pour le bien de mon âme et l'édification publique, aujourd'hui même. »

« M. Le Play communia. On remarqua l'émotion qu'il mit dans cette prière : *Domine non sum dignus*, et l'étreinte dont il serra le crucifix entre ses mains et sur son cœur : « Maintenant, dit-il au prêtre, vous n'êtes plus seulement mon ami, vous êtes mon père.

« — C'est vrai, lui dit celui-ci, car je vous ai engendré par le Christ dans l'Évangile. »

« M. Le Play sortit de la crise qu'il venait de traverser. Il écrivit : « J'ai vu l'approche des joies éternelles. Je n'ai pas vu, comme certains mystiques, le néant de la vie humaine. Loin de là, j'en ai constaté de nouveau l'importance. La vie présente est le poste où nous devons gagner notre classement dans la vie future. Nous devons être heureux d'y rester pour faire notre devoir. Le plus grand de tous est d'acheminer, par notre exemple, nos contemporains vers la vie éternelle. »

Notre converti se remit au travail comme par le passé, et reprit ses huit à dix heures d'études par jour. Ce travail avait désormais pour but « d'unifier l'apostolat de sa réforme sociale avec celui de l'apostolat de l'Église, à laquelle il voulait conformer sa doctrine et ses écrits ».

Pour mieux se pénétrer des vérités religieuses, il demanda un catéchisme, et chaque dimanche il recevait, sur un chapitre, une explication qu'il appelait son *prône*. Cette âme de savant était une âme docile et simple; elle était pieuse aussi, car M. Le Play faisait chaque jour sa méditation sur les vérités religieuses, et disait son chapelet comme une bonne dévote.

Son dernier ouvrage fut : *Constitution essentielle de l'humanité*. Il le soumit à l'examen du prêtre son directeur le 19 février 1881.

Dans les premiers jours d'avril, un hommage de ses ouvrages fut adressé au saint-père, qui l'avait décoré du titre de commandeur de l'ordre de Saint-Grégoire-le-Grand. Mais il n'eut pas le temps de signer la lettre qui devait l'accompagner, et qui est le dernier acte de sa vie. Pendant la semaine sainte, il tomba gravement malade. M. l'abbé Riche lui apporta la sainte Eucharistie, qu'il reçut avec une grande piété, et tout préoccupé de signer sa lettre au Pape. Il se mit au lit, puis expira doucement le 5 avril 1882.

Terminons cette trop courte notice sur ce grand chrétien en citant les lignes que Léon XIII a daigné écrire à son sujet.

« Ce serait un grand bienfait de la bonté divine si tous comprenaient ce que l'expérience a fait comprendre à ce maître, à savoir qu'il faut chercher dans la vertu de l'Église du Christ, de ses doctrines et ses préceptes, le remède efficace et souverain aux plaies dont souffre cruellement une société aujourd'hui réduite à l'extrémité. »

Recueillons cet enseignement.

C'est la parole de l'Église sur le maître et sur son œuvre ; c'est la conclusion de cette notice.

LE ROUX (A.)

ADMINISTRATEUR, VICE-PRÉSIDENT DU CORPS LÉGISLATIF, MINISTRE

(1815-1880)

> « C'est le plus beau jour de ma vie ;
> je ne le retrouverai jamais qu'au ciel
> si j'ai la joie d'y aller. »
>
> (ALFR. LE ROUX.)

M. Alfred Le Roux a eu un talent devenu rare de nos jours : il savait allier la religion et la piété aux qualités de l'homme politique. C'est à ce titre surtout que sa vie a pour nous un vif intérêt.

Né le 11 décembre 1815, il dirigea fort jeune à Paris la maison de banque de son père, l'une des plus importantes de la capitale. Recherché à raison de ses bonnes manières, de sa distinction et de son esprit fin et délicat, il eut la force de ne point céder aux entraînements du monde. Ce fut à ce prix que le nom d'Alfred Le Roux se répandit dans Paris, et qu'il y resta constamment honoré, entouré d'estime et de confiance.

Il fut appelé à la présidence du Conseil d'administration des chemins de fer de l'Ouest en 1864, et passa les plus belles et les plus fortes années de sa vie dans les travaux administratifs, occupé du soin de sa famille et des études qui pouvaient un jour le rendre utile à son pays. Ce jour vint en effet.

A trente-six ans, il était nommé conseiller général en Vendée où il avait de grandes propriétés, puis peu après élu député. Dans la session de 1863, il fut nommé vice-président du Corps législatif jusqu'en 1869, époque à laquelle lui fut confié le portefeuille de l'agriculture et du commerce. Il se dévoua avec intelligence et avec zèle aux devoirs de cette nouvelle charge, accueillant toutes les justes réclamations, toutes les utiles réformes; mais bientôt les moyens dont l'Empire avait besoin pour se soutenir lui paraissant moins conformes qu'il ne l'avait cru à ses espérances, il descendit dignement du pouvoir devant le nouveau cabinet formé par M. Émile Olivier.

Cette retraite le rendit à ses études et le laissa plus libre de se dévouer au bien et de remplir ses devoirs religieux près d'une femme pieuse, de son fils aujourd'hui député, et d'une fille mariée au comte de La Grange.

Toutes les associations religieuses et charitables qui se sont formées sous l'Empire le comptaient au nombre de leurs membres les plus anciens et les plus actifs. De plusieurs il fut le président, et l'on n'a pas oublié avec quelle chaleur d'âme, quelle intelligence des détails, il poursuivait les œuvres de moralité et de bienfaisance populaire. Que n'est-il permis de citer plusieurs personnages arrachés par ses bontés et sa générosité à des catastrophes commerciales, des négociants dont il soutint les comptes chancelants, des hommes de lettre délicatement secourus!

Alfred Le Roux cultivait en même temps la piété.

Ce fut au catéchisme de Saint-Hyacinthe et dans sa famille qu'il avait puisé ce goût des nobles choses, cet esprit de dévouement, ces convictions chrétiennes si profondes qui ne le quittèrent jamais et dont il fit profession dans les positions les plus élevées et les plus diverses. Il avait été à Paris disciple de Mgr Dupanloup, il fut toute sa vie l'un de ses meilleurs amis. « Leur intimité, nous écrit la digne compagne qui a fait après Dieu le charme de son existence, n'a jamais cessé, et chaque année il allait à Nice passer quelque temps dans notre villa, où il était heureux de retrouver son cher élève, pour lequel il avait une affection toute particulière, qui lui était bien rendue. »

La première communion d'Alfred Le Roux avait été celle d'un saint.

C'est de cette époque que date son intimité avec Mgr Dupanloup. Aussi l'évêque d'Orléans, témoin de sa ferveur, dans cette solennelle circonstance, aimait plus tard à rappeler ses souvenirs, à citer ses résolutions et ses prières, et à les lire comme modèle au petit séminaire d'Orléans. Quelle tendre piété respire dans l'expression de ses sentiments au jour de sa première communion ! Avec quel bonheur il s'arrête à ce doux souvenir ! Et comme on sent qu'il est vrai lorsqu'il écrit : « C'est le plus beau jour de ma vie, je ne le retrouverai qu'au ciel, si j'ai le bonheur d'y aller ! »

Ce grand acte de piété exerça une heureuse influence sur toute sa vie. Aussi arrivé à l'époque des tentations de la jeunesse, c'est-à-dire des grands périls, le goût du travail, le sérieux de son esprit, la prière et une vigilance continuelle soutenue par les pratiques religieuses, le préservèrent du danger de perdre la foi.

A seize ans, il écrivait à sa mère qui venait de perdre une fille chérie :

> ... le Dieu qui la rappelle
> Vous montre sur sa croix comment il faut souffrir ;
> C'est un présage sûr de la paix éternelle
> Quand, jeunes, il nous croit assez bons pour mourir.
> C'est pourquoi, nous chrétiens, ne pleurons pas sur celle
> Qui s'en va sans avoir tous ses ans révolus,
> Bienheureuse au contraire, à présent immortelle,
> Pour quelques jours de moins, que de trésors de plus !

Plus tard, M. Alfred Le Roux comprit parfaitement son rôle de père chrétien. Comme le sentiment de cette belle fonction de la paternité l'a merveilleusement inspiré dans la lettre qu'il adressa à sa fille, et qui n'est pas la moins belle des pages publiées par Mme de Flavigny sur la première communion ! En voici quelques lignes :

« C'est le 15 avril, ma chère enfant, que la retraite a commencé pour toi. Je me suis enfermé avec plaisir dans cette chapelle où j'ai fait autrefois ma première communion et où tu vas préparer la tienne.

« Ah ! ma fille, que Dieu te donne une longue et douce vie ! Que les anges veillent sur toi. Mais n'oublie pas que d'autres ont été rappelés à Lui malgré leur jeunesse et tant d'amour qui voulait les retenir. Tu as au ciel une chère petite sœur.

« Pas un jour ne s'écoule sans que je pense à elle et la prie. Je t'ai confiée à elle dès ton berceau. Prie, prie bien, la prière est si douce !... Quand le prêtre armé d'un pouvoir surnaturel t'a dit : Allez, vos péchés sont remis, n'as-tu pas senti que ton âme reprenait ses ailes et s'élançait tout entière vers Dieu?

«... Quand je te vis entrer, sous ton voile blanc, dans ce costume sans tache qui te garantissait et produisait sous une forme apparente la blancheur de ton âme, ah! il me semblait que j'avais une autre fille, une nouvelle fille, meilleure et plus tendre, et je cherchai presque tes ailes, car Dieu fait des anges de celles qu'il a vraiment touchées. Les vapeurs de l'encens, les saints cantiques, les splendeurs de ce temple, tout parlait à nos cœurs émus.

« Quand votre jeune armée a défilé pour l'offrande, les cierges allumés, je croyais voir en vous les deux champions de Jésus-Christ, prêts à combattre pour lui, et ces lames à pointes de feu défiaient d'avance les pièges du démon. Mais lorsque l'exhortation suprême vous invita à venir vous agenouiller à la sainte Table, quand je te vis, toi, ma fille chérie, t'approcher la seconde... non, je ne te dirai pas ce qui se passa dans mon cœur. Je sais que je pleurai les meilleures, les plus tendres larmes de ma vie; que ta mère en faisait autant que moi, et qu'à travers ces pleurs bénis, je te voyais dans une gloire, et auprès de toi, et au-dessus de toi, tous ceux que j'ai aimés et que j'invoquais pour te bénir.

«... Et toi, chère enfant, quel charme est descendu dans ton cœur! As-tu bien entendu, as-tu bien retenu cette voix divine qui te disait : « Je te possède..., tu me possèdes..., avec moi, avec toi..., toujours!... »

Nous nous bornerons à ces citations qui suffisent à montrer la piété pénétrante de M. Le Roux et son amour pour les siens. Dieu l'a rappelé à Lui le 1er juin 1880, alors qu'il eût pu faire encore autour de lui beaucoup de bien par sa parole, sa générosité et son dévouement que rien ne lassait. Il demanda, à son heure dernière, la visite du Dieu de l'Eucharistie, et quitta cette vie dans la paix et le bonheur d'une conscience pure.

LEVERRIER

DIRECTEUR DE L'OBSERVATOIRE DE PARIS
DE L'ACADÉMIE DES SCIENCES, DÉPUTÉ, SÉNATEUR

(1811-1877)

> « Leverrier regardait le ciel comme un domaine dont il aurait eu la garde et dont il aurait été appelé à proclamer l'ordre et la beauté. » (J.-B. Dumas.)
>
> « Il savait voir Dieu dans les merveilles de la création, et du monde sensible s'élever au monde surnaturel. »
> (J. Chantrel.)

Le 23 septembre 1877 un grand deuil venait affliger la science française : l'illustre et savant astronome M. Jean-Joseph Leverrier venait de mourir après une longue maladie.

Sa vie et ses travaux sont connus. M. Jean-Baptiste Dumas, le célèbre chimiste, les a retracés dans un discours qui fait honneur aux deux savants à la fois ; car, nous sommes heureux de le dire, M. Leverrier était sincèrement et profondément chrétien : « Il savait voir Dieu dans les merveilles de la création et du monde sensible, a dit M. J. Chantrel, il s'élevait au monde surnaturel, il mettait sa confiance dans la rédemption de Jésus-Christ. »

Dans le discours prononcé sur sa tombe par M. Dumas sont admirablement résumés sa vie et ses travaux; nous laissons la parole à cet homme distingué.

« M. Leverrier n'appartenait pas seulement à la France; son nom était connu du monde entier. Ses travaux, dirigeant la marche de tous les observatoires et servant à régler la course de tous les navigateurs, en avaient fait la personnification même de l'astronomie. Aucun de ces suffrages lointains et enviés ne lui a fait défaut, et l'étranger, si nous l'avions méconnu, se serait chargé de nous apprendre la haute valeur de ses travaux.

« M. Leverrier était fils de ses œuvres. Il connut toutes les luttes. Élève brillant de l'École polytechnique, il n'avait fait qu'apparaître dans les services publics. L'héritage de Laplace était libre; il en prit hardiment possession. Il mit en évidence les conditions de stabilité générale du système solaire par la discussion approfondie des lois qui président aux mouvements de Jupiter, de Saturne et d'Uranus, et chacun comprit à ce début large et même hautain qu'un grand astronome venait de se révéler. L'Académie s'empressa d'adopter M. Leverrier.

. . . .

« Il semble que, dès ce moment, M. Leverrier se soit dévoué à perfectionner, à compléter l'œuvre de Newton, en s'appuyant sur l'œuvre de Laplace. C'est ainsi que par un travail persévérant, poursuivi pendant trente années sous nos yeux et dont rien n'a jamais pu le détourner, il nous a donné successivement le code définitif et complet des calculs astronomiques, les tables du mouvement apparent du soleil, la théorie et les tables des planètes, embrassant ainsi le système solaire dans son ensemble, écrivant le dernier mot de la dernière page de son œuvre immortelle, à la dernière heure de sa vie, et murmurant pieusement alors: *Nunc dimittis servum tuum, Domine.*

« M. Leverrier regardait, en effet, le ciel comme un domaine dont il aurait eu la garde et dont il aurait été appelé à proclamer l'ordre et la beauté. Intendant fidèle, il tenait à constater que tout y était à sa place.

« M. Leverrier appartenait à cette grande famille des Copernic, des Kepler, des Newton, des Laplace, qui depuis plus de trois siècles s'appliquaient à découvrir les lois du système du monde et à nous en faire comprendre la beauté. Nous, qui avons profité de sa gloire, nous garderons le respectueux souvenir de ses services et nous en saurons estimer le prix.

« Témoin affectueux de sa vie, je viens dire un dernier adieu au confrère illustre, au grand astronome qui portait au plus haut degré la dignité de l'Académie et l'honneur scientifique de la France. Cette vérité qu'il avait poursuivie avec tant de passion, à travers tant d'agitations et de troubles, il la connaît enfin tout entière dans la sérénité de la vie éternelle et dans la paix du tombeau ; nul ne s'est rendu plus digne que lui d'en contempler les splendeurs infinies. »

L'illustre directeur de l'Observatoire, a écrit l'abbé Saillard, se montra toujours chrétien.

Loin de se cacher, il aimait au contraire à confesser sa croyance catholique, dont il voyait la démonstration et la confirmation dans la science sublime qui lui a pris toute sa vie.

Quand, pendant les claires nuits, il plongeait son télescope dans les profondeurs des cieux, il voyait Dieu de trop près pour le nier ; et quand ses calculs prodigieux l'amenaient à découvrir un nouvel astre, il se souvenait aussitôt de cette parole, que Dieu a tout fait avec nombre, poids et mesure. Chez lui, la science et la foi s'éclairaient mutuellement.

C'est après avoir demandé et reçu les secours suprêmes de la religion que M. Leverrier a rendu son âme à Dieu. M. le curé de Saint-Sulpice reçut sa confession. Mais, selon les propres expressions du savant, comme il n'était pas seulement catholique, mais paroissien, il voulut donner cet exemple, de mourir avec l'assistance du curé de sa paroisse.

Ce fut, en effet, M. Lemaître, curé de Saint-Jacques-du-Haut-Pas, qui lui administra les derniers sacrements et visita plusieurs fois le savant pendant sa maladie.

Le même écrivain que nous venons de citer rapporte un fait édifiant. M. Leverrier avait fait placer un grand crucifix dans les salles de l'Observatoire, où malade il se traînait encore, allant de ses chers instruments à la croix, et pensant à la mort en homme qui avait vu Dieu dans ses œuvres.

Exemple admirable et bien salutaire dont nos esprits forts devraient profiter ; confirmation éclatante de ces paroles toujours vraies : « Beaucoup de science ramène à Dieu. » Que diront les prétendus savants qui affirment si absolument que la foi est inconciliable avec la science moderne ? La plus belle intelligence dont s'honore notre pays leur a donné le plus éclatant démenti et la preuve la plus incontestable que l'accord est facile entre la raison et la foi [1].

---

[1] « Quand l'athéisme dit : *Je suis la science,* ce n'est pas tant la religion qu'il outrage, c'est surtout la science qu'il calomnie. » Cte DE CHAMPAGNY, de l'Académie française.

LITTRÉ

PHILOLOGUE, PUBLICISTE, DE L'INSTITUT, DE L'ACADÉMIE
SÉNATEUR

(1801-1881)

> « La grâce nous est donnée sans qu'on la mérite... »
> « Ils sont heureux ceux qui ont une foi en ce moment ! » (LITTRÉ.)

Un savant célèbre, dont les impies avaient pris le nom comme un drapeau, parce que ses études l'avaient conduit à l'incrédulité, est décédé le 2 juin 1881 dans le sein de l'Église catholique. Cette mort d'un matérialiste, qui tenait une si grande place dans la science moderne, devait être un triomphe pour la libre pensée : Dieu a ruiné ces espérances trompeuses, elle est devenue le triomphe de la foi catholique.

Paul-Émile Littré est né à Paris, en 1801 (époque à laquelle les églises étaient à peine ouvertes), d'un sergent d'artillerie de marine passé dans les droits réunis : il ne fut point baptisé ; son père ne s'occupait guère de religion. Celui-ci plaça son fils à Louis-le-Grand, où l'on ne s'en occupa pas davantage pour lui. Le jeune Littré remporta tous les prix : on lui avait tout appris, excepté Dieu et sa religion.

Pauvre, il travailla pour vivre, apprit l'allemand,

l'anglais, l'italien et le sanscrit, sans compter le latin et le grec. Il étudia la botanique et l'anatomie, fut admis comme interne de plusieurs hôpitaux, et devint plus tard membre de l'Académie de médecine, sans avoir jamais eu son diplôme de docteur. Son activité intellectuelle et ses talents étaient prodigieux, et tout cela ne l'aurait pas mené à Dieu si, en 1835, il n'avait eu l'avantage inestimable d'épouser une femme chrétienne.

M. Littré, entouré de bons exemples plus puissants sur lui que les préjugés de la science, fit l'éducation de sa fille sans lui arracher sa piété. Tout le monde connaît son *Dictionnaire de la langue française*, auquel ils travaillèrent tous deux, et qui ramena l'aisance dans la famille, car Littré n'a jamais connu la richesse. Sa fille fut son secrétaire et sa collaboratrice dans cet important ouvrage, qui sera le seul monument durable parmi les innombrables œuvres du savant positiviste, et c'est à elle surtout que les catholiques doivent de n'y rien lire qui outrage leurs convictions. Intelligente et pieuse comme elle l'était, elle aida puissamment son père, qui y déposait la science ; elle y faisait respecter la foi.

« Le jour de la naissance de sa fille, rapporte M. Legouvé, Littré avait dit à la mère : « Ma chère
« amie, tu es une catholique fervente et pratiquante.
« Élève ta fille dans les habitudes de piété qui sont
« les tiennes. Seulement j'y mets une condition. Le
« jour où elle aura quinze ans, tu me l'amèneras, je
« lui exposerai mes idées, et elle choisira. »

« La mère accepte, les années s'écoulent.

« Un matin, elle entre dans le cabinet de son mari :

« — Tu te rappelles ce que tu m'as demandé et ce que je t'ai promis. Je viens tenir ma promesse. Ta fille est là, prête à t'entendre avec tout le respect et la confiance que lui inspire un père adoré et vénéré. Veux-tu qu'elle entre ?

« — Oh ! certes, oui.

« — Mais pourquoi ?

« — Pour que je lui expose mes idées !... Non, non, mille fois non ! Quoi ! tu as fait de notre enfant une créature bonne, tendre, simple, droite, éclairée et heureuse !... Heureuse !... Ce mot qui, chez un être pur, résume toutes les vertus ! Et tu crois que je vais jeter mes idées au travers de ce bonheur et de cette pureté !... Mes idées !... mes idées !... Elles sont bonnes pour moi ! Qui me dit qu'elles seraient bonnes pour elle ? Qui me dit que je ne risquerai pas de détruire ou d'ébranler ton œuvre ?... Oh ! oui, que notre fille entre, chère femme, pour que je te bénisse devant elle de tout ce que tu as fait pour elle, et qu'elle t'aime encore un peu plus qu'auparavant[1]. »

Au contact de ces vertus, un travail se faisait cependant dans l'âme du savant, travail lent et mystérieux qu'il ne révélait à personne, mais dont on ne tarda pas à constater les signes extérieurs.

---

[1] M. Legouvé, de l'Académie française, ajoute avec la foi d'un chrétien :
« Moi aussi, j'ai eu et j'ai encore autour de moi des âmes croyantes, et, comme Littré, je me tiendrais pour criminel si jamais je troublais par mes doutes, si j'offensais par mes railleries, si j'ébranlais par mes objections, des convictions religieuses d'où ces êtres si aimés n'ont jamais tiré que des joies, des consolations, des vertus. »
Heureux les savants qui comprennent et apprécient de cette manière le rôle et l'influence de la religion, de la piété.
Ils ont admirablement compris la parole de saint Paul : *Pietas ad omnia utilis est :* la piété est utile à tout.

En effet, depuis plusieurs années, M. Littré ne disait plus de mal de l'Église; on a remarqué ses protestations contre l'expulsion des frères à Saint-Denis, lorsqu'il se fit porter au conseil municipal pour voter en leur faveur. Ces tendances religieuses étonnaient. Plus tard, résistant au courant qui entraînait ses amis politiques, il avait voté contre l'article 7. Il écrivit à ce sujet :

« Le catholicisme est la religion du plus grand nombre des Français, cela ne fait aucun doute. Quand on a déduit d'une part les protestants et les juifs, et d'autre part les indifférents et les libres penseurs, il reste encore une masse considérable qui remplit les églises, reçoit les sacrements, depuis le baptême jusqu'à l'extrême-onction, et serait sérieusement offensée si on la gênait dans l'exercice de son culte. Ne pas reconnaître cette condition fondamentale, c'est se préparer, si on est philosophe spéculant sur la marche des sociétés, de graves mécomptes théoriques, et, si on est homme d'État, prenant part au gouvernement, de non moins graves mécomptes politiques. »

A ces paroles, il joignait des œuvres de charité. Il souscrivit trois cents francs pour l'école libre des frères de sa paroisse, et donnait cinq cents francs par an à son église ; à la campagne comme à Paris, il s'adressait au curé pour ses bonnes œuvres et pour connaître les pauvres.

Ses intimes admiraient que le vendredi on faisait maigre à sa table sans respect humain. Le dimanche il ne permettait pas qu'on mît un clou chez lui, ce qui étonna beaucoup un menuisier, venu pour poser un porte-manteau le dimanche, et qui disait auparavant[1] : « Chez celui-là, on ne m'empêchera pas de travailler. » Lorsqu'il était malade, il ne laïcisait pas son chevet, car il voulait toujours des sœurs près de lui. Dès 1862, aux bains de mer, il s'établit dans un couvent qui sert d'hôtellerie aux baigneurs : « Je l'ai vu là, écrivait la comtesse d'Agoult à Sainte-Beuve étonné, soignant les pauvres en qualité de médecin et quêtant pour les plus en détresse. Sa femme et sa fille allaient à la messe, lui point, mais il charmait les sœurs et les laissait très perplexes sur ce qu'il fallait penser de son âme. »

Cependant, s'écriaient les libres penseurs, Littré ne croit pas à Dieu : « J'ai l'âme catholique, mais l'estomac luthérien, » disait Érasme, pour s'excuser de ne point observer le carême. A l'imitation de ce mot, on pouvait dire de Littré qu'il avait encore peut-être l'esprit athée, mais le cœur chrétien.

En voici de nouvelles preuves, rapportées par les journaux à l'époque où ces idées du savant se modifiaient dans le sens religieux.

« Très libéral, écrit l'un d'eux, Littré trouvait juste que son épouse conservât ses croyances. Jamais il ne combattit sa foi, jamais l'ironie ne vint blesser les convictions de sa noble compagne.

« Un jour, pendant sa maladie, M. Littré s'évanouit. Mᵐᵉ Littré doucement détache de sa poitrine une petite médaille bénite et la passe au cou de son

---

[1] « Un dimanche, dit le menuisier, je vois partir les dames avec leur livre de messe à la main. Alors je monte, en pensant : Quelle chance! il n'y a pas de danger qu'il m'empêche de travailler, lui. Ah bien oui ! il m'a renvoyé. « Mais, monsieur Littré, il n'y a que deux ou trois clous à « mettre. — Revenez demain. — Mais, puisque Madame est à la messe. « — C'est égal, elle serait contrariée. »

mari. Celui-ci reprend connaissance, enlève la médaille et la remet à sa femme. Et penchant la tête sur les mains de sa femme, il y déposa un baiser sans murmurer un seul mot. »

Au mois d'octobre 1875, Claude Bernard, dans une réunion d'amis, parlant des célébrités de notre époque, laissa échapper le nom de M. Littré, dont il loua les travaux et l'immense érudition. Un des auditeurs essaya quelques critiques au sujet des doctrines matérialistes du trop célèbre positiviste. Interrompant alors l'interlocuteur, Claude Bernard dit :

« Messieurs, je connais M. Littré; il est mon ami. Je serais fort étonné s'il ne finissait pas bien.

« Il a pour femme une intelligente et grande chrétienne, et pour fille un ange de piété. »

Et se tournant vers un ecclésiastique présent :
« Monsieur le curé, dit-il, vous devez savoir ce que cela vaut dans l'entourage d'un homme. » Et, à l'appui de son sentiment, l'éminent physiologiste raconta l'anecdote suivante : « Il y a quelque temps, un de nos amis communs nous invita à déjeuner, M. Littré et moi, pour un jour déterminé.

« — Pour ce jour-là, répondit M. Littré, je ne puis accepter aucune invitation. Ma fille fait sa première communion. Je serai donc en fête, chez moi et à l'*église*; impossible à moi d'être des vôtres ce jour-là. »

Et le savant positiviste alla à l'église.

« Convenez, dit Claude Bernard, qu'un homme qui a de pareils sentiments n'est pas foncièrement mauvais, ni absolument hostile à la religion [1]. »

[1] Il nous serait facile de citer le nom d'un député de la gauche, de l'*Union républicaine*, auteur d'un lourd et indigeste pamphlet contre la

M. Littré avait aussi pour ami le P. Milleriot, de sainte mémoire. A la mort de celui-ci, le P. Pitot crut devoir prévenir l'académicien et lui dire que son vénérable ami était mort de la mort des saints, en priant pour lui. Voici la réponse de M. Littré, qui fait pressentir sa conversion :

« C'est vivre quelques jours de trop, que de vivre pour voir mourir des hommes tels que le P. Milleriot. C'est une grande perte pour moi. Il a été pour moi d'une bonté angélique. Il m'aimait sans que rien en moi pût motiver cette affection de sa part ; je ne la méritais pas, mais j'en jouissais comme d'une grâce, et je lui en étais bien reconnaissant. La grâce nous est donnée sans qu'on la mérite, vous le savez mieux que moi. »

Tels étaient les sentiments que la mort d'un vrai jésuite (cet épouvantail pour les impies) faisait naître dans le cœur de l'illustre savant. N'y a-t-il pas lieu de croire que, du haut du ciel, le P. Milleriot a poursuivi son œuvre et contribué à cette conversion, qui a si profondément irrité les ennemis de Dieu?

Ce changement était le fruit de la grâce divine et des lectures du savant. Dans les derniers temps de sa vie, il lisait beaucoup de livres catholiques, sans dire à personne ce qu'il pensait, une fois exceptée, où il dit en fermant la *Vie du Père Ollivaint :* « Décidé-

---

divinité de Jésus-Christ, qui s'est chargé de préparer sa fille à sa première communion en lui apprenant et expliquant lui-même le catéchisme pendant deux ans, dans un sens très orthodoxe; qui a tenu à assister à la messe de communion, a versé des larmes à l'église en voyant son enfant recevoir le Dieu de l'Eucharistie, a invité le clergé de sa paroisse à déjeuner ensuite et fait un magnifique cadeau à son curé. Et cependant ses votes à la Chambre sont toujours hostiles à la religion. Combien d'autres lui ressemblent!

ment, dit-il avec un accent d'humble conviction, ces hommes-là valent mieux que moi ! »

Aussi on priait beaucoup pour lui de plusieurs côtés. Après avoir lu tant de livres religieux, il demanda le catéchisme du diocèse, qu'il ne connaissait pas. Il fut étonné de la doctrine simple et profonde qu'il y découvrit.

Il voyait souvent des prêtres et, parmi eux, M. Huvelin, ancien élève de l'École normale, son ami et son compagnon d'études; il ne pouvait plus se passer de lui et l'entretenait chaque jour pendant les six mois qui précédèrent sa mort. Un jour, le malade lui avait dit: « Ils sont heureux, ceux qui ont la foi en ce moment[1] ! »

M. Littré avait fait autrefois un testament, où il exprimait la volonté d'être enterré civilement, et en avait déposé le double entre les mains de son ami, M. Barthélemy Saint-Hilaire. Quelques jours avant sa mort, il fit brûler devant lui l'exemplaire qu'il avait gardé, et rédigea un autre testament. Ainsi, lui-même prit soin que son corps n'allât pas au cimetière sans les prières de l'Église.

Nous avons dit que Littré n'avait pas été baptisé à sa naissance. Cette grâce lui a été accordée à quatre-vingts ans. La longue maladie qui précéda sa mort, les lectures pieuses, les entretiens religieux, les prières d'une épouse et d'une fille pieuses, et ses propres prières, lui ont été une préparation sérieuse à cet acte nécessaire de la vie chrétienne.

Dans la nuit du 1ᵉʳ au 2 juin, il se trouva plus mal.

---

[1] M. Littré lisait beaucoup, depuis quelque temps, des livres religieux, comme ceux de l'abbé Perreyve, les *Conférences du P. Lacordaire*, la *Vie du P. Ollivaint*.

La suffocation devint terrible : « Je suis perdu, dit-il lui-même, donnez-moi le baptême. »

La femme chrétienne s'empressa, avant la venue du prêtre, qui pouvait arriver trop tard, de satisfaire à ce désir solennel, qui couronnait tant d'efforts, d'espérances et de prières. « Cette foi, désir suprême du mourant, lui a été donnée avec le baptême, et n'est-ce pas, dit l'abbé Saillard, un magnifique triomphe de la religion catholique, que cette conversion si sincère d'un des plus illustres savants du xix° siècle, inclinant son front sous l'eau du baptême, récitant le *Credo* et couronnant une vie si remplie, aux yeux du monde, par un touchant retour à Celui que les saintes Écritures appellent le Maître des sciences, *Deus scientiarum Dominus est.* »

« Cette âme, écrivait le lendemain de sa mort un journaliste étonné, cette âme, qui avait traversé toutes les luttes de ce siècle impie, qui avait projeté tant de lueurs et causé tant de scandales, monta joyeuse et toute neuve vers son Créateur. »

M. Littré avait été nommé sénateur dans les dernières années de sa vie [1].

---

[1] Dans un ouvrage qui vient de paraître dernièrement, M. Théod. de la Rive, membre de l'Académie de Savoie, raconte, d'après des témoins dignes de foi, le travail intérieur qui s'était fait dans l'âme de M. Littré vers les dernières années de sa vie. Nous sommes loin des calomnies odieuses répandues à ce sujet par les feuilles libres penseuses. C'est un nouveau témoignage ajouté à ces pages : « Petit à petit, dit M. de la Rive, par le seul travail de sa conscience, par le sentiment de ses fautes et de son indignité, Littré arrivait à l'idée de l'existence d'un Dieu personnel et à celle de la nécessité du repentir et de la pénitence. »

MARCEAU

CAPITAINE DE FRÉGATE, DE L'ORDRE DE SAINT-GRÉGOIRE

(1806-1851)

> « Je n'ai pas passé par le christianisme, moi. C'est peut-être la voie qui mène à la vérité. »
> (MARCEAU, avant sa conversion.)
>
> « J'ai lu, j'ai réfléchi, et je crois. »
> (MARCEAU, après sa conversion.)

Encore une victime de l'impiété de ce XIXe siècle et une conquête de l'Église catholique, Auguste Marceau, capitaine de frégate.

Né en 1806, à Châteaudun, où son père était sous-préfet, il descendait, par sa mère, de la plus vieille noblesse de France, et il recueillit l'héritage d'incrédulité qu'a légué à notre siècle le siècle précédent. Ce fut d'abord au collège. « Parmi les professeurs, a écrit Mgr Parisis, il y avait cinq apostats; un seul n'affichait pas l'irréligion. Parmi les étudiants, l'impiété était à son comble, la corruption ardente. Ils haïssaient leurs maîtres et ils auraient fait regretter la vertu à des hommes moins incapables d'un pareil regret. On était obligé de faire suivre les cours de ce lycée aux jeunes gens du petit séminaire; deux mois après, les directeurs désolés ne reconnaissaient plus leurs enfants et versaient les larmes inconsolables de Rachel : *Quia non sunt !* »

Auguste Marceau, après sa conversion, écrivait à son tour au directeur d'un collège catholique : « Hélas! j'ai eu tant à souffrir, lorsque j'étais loin de Dieu, que rien ne me touche plus que le sort des enfants. Quelle tâche que la vôtre! Je ne connais que le dévouement religieux qui puisse y suffire. » Et comme on agitait alors ces grandes questions dans les assemblées du gouvernement français, il ajoutait : « Moi qui ai été victime de l'ancien ordre de choses, que quelques-uns voudraient maintenir, j'espère que Dieu aura raison de ces rhéteurs pour le bonheur d'un âge qui mérite tant de respect et de compassion. »

Le doute, voilà donc ce qu'il apporta du collège.

Après sa sortie de l'École polytechnique, Auguste Marceau commença sa carrière militaire et bientôt se trouva au premier rang. Il se lia surtout avec le général de Lamoricière : tous deux se ressemblaient par plus d'un côté. Mais, cédant à de vives instances, il entra dans la marine royale.

Ayant fait sur la vapeur des études sérieuses, on le vit exécuter de grandes améliorations dans le service de sa machine, et faire, sur le *Vautour*, ces expériences de perfectionnement qui lui donnèrent la réputation d'un des officiers les plus savants et les plus habiles dans la navigation navale, alors à son début.

Nature ardente, caractère ambitieux et indomptable, âme généreuse s'il en fut, Marceau n'aspirait qu'à la gloire des combats; aussi demanda-t-il à faire partie de l'expédition de Madagascar, en 1829, et mérita la croix d'honneur par sa belle conduite devant l'ennemi.

Il n'avait alors que vingt-trois ans : « J'ai été fou

Marceau.

d'ambition et d'orgueil, a-t-il dit à un ami, je ne sais pas ce que j'aurais fait pour mériter le regard d'un chef. »

L'indifférence religieuse de Marceau se changea de bonne heure en hostilité.

Il voyait des hommes qui ne semblaient regarder la religion que comme un moyen de gouvernement, d'autres qui se couvraient du masque de la piété pour parvenir ; il attribua donc à la religion elle-même l'abus qu'on en faisait ; avec la légèreté propre à son âge, il conclut avec indignation que cette religion n'était pas la véritable : il lui voua son mépris et sa haine.

Un jour, revenant d'Alger, il causait avec un prêtre qui fit tomber la conversation sur le terrain religieux: « Si vous voulez parler sciences, mathématiques, répondit brusquement Marceau, j'y consens. En fait de religion, moi, j'ai la mienne, gardez la vôtre. »

Et il lui tourna le dos.

Sa religion, pour le moment (car il en avait bien une), était celle du saint-simonisme, qui l'avait séduit par les grands mots d'humanité, de philanthropie, de progrès, brillant mirage d'utopies creuses. Pendant dix-huit ans, il fut un des principaux coryphées de cette secte et en prêcha les doctrines avec exaltation.

Il blasphémait si souvent le nom de Dieu, que cette habitude était devenue comme un besoin pour lui et une rage, au point que quelques-uns de ses amis en étaient froissés. « Il semble, disait-il plus tard, que le démon me poussait à ces péchés abominables dans l'espoir de rendre impossible un retour que certaines dispositions de mon esprit pouvaient lui faire prévoir et redouter. »

Pendant sa longue campagne en Océanie, un officier, âgé de trente-cinq ans, ayant dit devant lui : « A trente-cinq ans, on n'est plus un enfant, on a l'âge de se conduire, » Marceau, converti à cette époque, repartit aussitôt : « Pour moi, à trente-cinq ans, je n'étais qu'une bête. » Voilà l'homme que la foi avait à subjuguer.

Au milieu de cette nuit du péché brillaient enfin quelquefois des lueurs qui éclairaient son âme. Une fois, dans un mouvement de colère, il dit à sa mère : « Ah! ma mère, si je pouvais avoir la foi et prier ! » Dans une autre circonstance, parlant à un ami : « J'ai un immense besoin d'aimer et de me donner corps et âme. Mais dans le monde, je ne trouve rien qui mérite ce don de moi-même. Il n'y a que Dieu qui puisse satisfaire mon âme. »

Ce qui avait commencé à toucher l'esprit de Marceau, ce fut la conversion de quelques officiers de marine de grands talents et dont il avait partagé les écarts. Puis Enfantin, le chef du saint-simonisme, contribua à son insu à le faire revenir à la foi.

Un jour il recevait, en présence de Marceau, une lettre qu'il lut avec dédain, et la passant à celui-ci : « Voilà quelqu'un qui sera bientôt des nôtres. » C'était un de ses adeptes, qui, converti à la pratique religieuse, lui annonçait qu'il abandonnait le saint-simonisme.

« Comment, reprit Marceau, vous dites qu'on est des nôtres quand on vous écrit qu'on se confesse ?

— Vous êtes trop jeune pour comprendre ces choses-là... Ne savez-vous pas que nous sommes la fin de toutes choses et qu'il faut passer par le catholicisme pour arriver à nous. »

Enfantin exerçait une sorte de fascination sur ses disciples. Il est facile d'en juger en comptant le nombre des intelligences d'élite qui se groupèrent autour de lui, et qui plus tard embrassèrent la foi catholique. Quelques-uns de ces disciples entrèrent même dans l'état ecclésiastique.

En cette occasion, sa parole alla plus loin que sa pensée.

Ce mot : « il faut passer par le catholicisme, » fut pour Marceau, ainsi qu'il le racontait lui-même, un coup de barre. Il baissa la tête comme éclairé d'une lumière soudaine et se dit :

« Mais je n'ai pas passé par le catholicisme, moi. C'est peut-être la voie qui mène à la vérité. »

Il avoua son trouble à une dame de piété qu'il alla visiter, puis à un officier de marine, qui l'un et l'autre l'engagèrent à étudier la doctrine catholique. Ce dernier lui ayant demandé s'il avait reçu une éducation chrétienne : « Non répondit Marceau.

— Eh quoi ! repartit son ami zélé, qui voulait gagner une âme à Dieu, quoi ! vous ne connaissez pas notre religion ? Vous ne la connaissez que par les attaques et les sarcasmes dont elle est l'objet, et cela vous suffit pour la juger ! Un homme comme vous, qui ne désire que la vérité, peut-il procéder aussi légèrement et condamner ce qu'il n'a pas sérieusement examiné ? Il y a un fait énorme qui doit vous frapper : c'est que notre religion n'est pas comme ces systèmes humains, nés d'hier, et dont personne ne peut dire que la vie sera longue. Notre religion date de dix-huit cents ans. Elle s'est répandue partout ; des hommes distingués dans tous les genres, dans tous les pays, dans tous les siècles, s'en sont déclarés les fidèles disciples ; elle dure, malgré les attaques dont elle ne cesse d'être l'objet ; il faut donc qu'elle soit douée d'une grande force, et qu'elle présente autre chose à notre croyance qu'un ramassis de fables ridicules et de pratiques plus ridicules encore. Il me semble que cette question est digne des investigations d'un esprit comme le vôtre, et qu'avant de la condamner, il est de toute justice que vous l'étudiiez.

— Ceci est juste, répondit Marceau, mais où et comment l'étudier ? »

Marceau promit ce jour-là d'étudier la question religieuse.

Peu de temps après, à bord du *Triton,* il dit à un autre collègue :

« Mon ami, vous êtes chrétien, et je sais que vous ne l'avez pas toujours été ; je viens vous demander pourquoi vous l'êtes. Je ne m'engage à rien, mais je cherche la vérité. »

Une fois entré dans cette voie et secondé par un grand fonds de bonne volonté, Marceau devait aboutir heureusement. Après avoir lu la *Démonstration évangélique*, de Duvoisin, et le *Christ devant le siècle,* de M. Rozelly de Lorgues, qui a fait sur le monde savant une si profonde impression, il dit à son ami :

« J'ai lu, j'ai réfléchi et je crois, je suis converti.

— Il ne suffit pas de croire, lui répondit le vertueux officier de marine, il faut pratiquer, prier, et se vaincre soi-même. »

Marceau parut étonné, mais convaincu.

« Et d'abord vous devez commencer par prier.

— Mais je ne sais plus de prières ; il y a dix-huit ans que je n'ai pas prié.

— Vous réciterez le *Pater* et l'*Ave.* »

Il le promit. Mais il avait encore un terrible obstacle à surmonter : le respect humain.

Écoutons-le :

« Peu après, dit Marceau, je me promenais dans le jardin, et je voulus faire le signe de la croix. Je portai la main droite au front, mais aussitôt je me retournai avec effroi de tous côtés pour voir si on m'apercevait. Indigné contre moi-même, j'achève de marquer sur moi le signe de la croix. Au même instant, j'éprouve dans tous mes membres comme un frisson électrique, une transpiration subite couvre mon corps. Je ne savais plus ce qui se passait en moi, je sentais que je venais de faire quelque chose de grand... Je tombe à genoux dans ce jardin même, fondant en larmes. J'essaie de dire le *Pater*, je l'avais oublié. Je cherchai le livre de prières de ma domestique, et j'y lus le *Pater* et l'*Ave*. »

Ainsi Marceau était convaincu depuis quelque temps ; il commençait à parler le langage catholique, à prier, à se vaincre, il n'avait plus qu'un pas à faire. Une chute le décida.

Il tomba un jour dans le péché d'une manière si effrayante, qu'il sentit le besoin de mettre vite un frein à ses mauvais penchants en rentrant en grâce avec Dieu. Il se rendit enfin chez un prêtre et fit ce dernier pas qui lui coûtait tant : sa confession.

Depuis cette époque, Auguste Marceau a voulu se donner à Dieu et à sa religion, et quand on lui demande comment il a fait pour se convertir, il répond simplement : « J'ai lu, j'ai prié, et le Ciel a fait le reste. »

Peu après, il était nommé commandant du yacht *le Comte d'Eu*, puis du bateau à vapeur *le Fulton*, mais bientôt, ne voulant rien faire à demi dans la voie nouvelle où il était entré, il brisa son bel avenir pour consacrer sa vie aux missions catholiques et vivre en saint : « J'ai trouvé, écrivait-il à M. Dupont, de Tours, ces jours derniers, un sonnet de M. l'abbé de Rancé, qui finit par ce vers :

« Vivre sans vivre en saint, c'est vivre en insensé.

Ce vers me poursuit sans cesse. Ne pas vivre en saint, ne pas consacrer toutes ses pensées, ses paroles, ses actions à la gloire de Dieu, ne pas être l'esclave de ses devoirs, même les plus petits, tous les soins que réclament la gloire de Dieu et l'édification du prochain, c'est vivre en insensé; quelle vie est donc la mienne ! » « Le saint, disait le P. de Ravignan, est un homme qui a une idée fixe. » Marceau l'avait compris.

A partir de sa conversion, il y eut en lui deux hommes : le marin et l'apôtre. C'était l'esprit des anciens croisés. Il s'entendit avec Mgr Douarre pour fonder la *Société de l'Océanie* pour le transport et le service des missionnaires. Ayant renoncé à la marine militaire, il accepta donc le commandement d'un navire destiné aux missions de l'Océanie. C'est cette bonne nouvelle qu'il annonçait à sa mère en ces termes :

« Sais-tu, bonne mère ? On me propose le plus magnifique commandement que j'aie jamais rêvé et que j'aurais grand bonheur à accepter, si j'étais plus marin que je suis, le commandement d'un navire armé par une association catholique, pour aller parcourir l'Océanie, portant à bord un évêque et douze missionnaires. Comprends-tu le bonheur qu'il y aurait pour moi d'être ainsi occupé, à chaque instant du jour, à glorifier le nom de Dieu, en concourant à l'œuvre la plus magnifique que l'on puisse fonder en ce temps-ci? Prie et fais prier ces bonnes religieuses, afin que je ne fasse rien en cette affaire que de conforme à la volonté de Dieu. » Il se représentait sans cesse quinze millions de sauvages qui lui tendaient les mains en s'écriant : « Hâtez-vous, nous périssons ! »

Le voilà donc parti sur un beau navire, l'*Arche-d'Alliance*; il le sauva plusieurs fois d'effroyables tempêtes, qui semblaient suscitées par le démon. Pendant quatre mois, il parcourut les mers les plus dangereuses, les stations les plus redoutées des marins et les îles les plus sauvages, exposé à tous les dangers, secourant les missions catholiques, édifiant les sauvages convertis par la ferveur de sa piété. Il fit plusieurs fois naufrage, son équipage fut assailli par les anthropophages et lui-même à la veille d'être massacré.

Enfin, Marceau arriva à Brest en juillet 1849, après une campagne, dit son biographe [1], qu'on peut égaler, ce me semble, à celle de Dumont d'Urville pour le talent et les difficultés vaincues, et qu'on ne peut comparer à aucune autre pour l'esprit de religion et de zèle. En récompense de ses services, le pape le nomma chevalier de Saint-Grégoire-le-Grand.

« Comment voulez-vous que je vous représente? disait le peintre David à Napoléon Ier, calme sur un cheval fougueux, au milieu de la bataille? » Voilà l'image du bon chrétien au milieu des orages de la vie. Tel fut Marceau dans les diverses circonstances

---

[1] *Auguste Marceau*, par un Père mariste.

qu'il traversa. Partout et toujours il conserva son recueillement, son union avec Dieu, ses pratiques de piété, s'efforçant d'expier ses péchés par la prière, le travail incessant et le sacrifice.

Sa santé, compromise par les fatigues de la mer, ne lui permit plus de retourner en Océanie. Il se borna à édifier tout le monde à Lyon dans les dernières années de sa vie ; il fonda dans cette ville l'Adoration nocturne, fit le pèlerinage d'Ars et de la Salette, puis, ayant beaucoup souffert et beaucoup travaillé pour la gloire de Dieu et le bien des âmes, il expira le 1er février 1851.

Voici en quels termes son biographe a résumé sa vie dans une lettre adressée à Pie IX, en 1862 :

« Cet officier, d'un talent remarquable, émule et ami de notre Lamoricière, fut célèbre d'abord par l'impiété et par les erreurs antisociales, dont il était un ardent propagateur ; mais il est devenu beaucoup plus célèbre par son éclatante conversion, ses vertus héroïques, ses œuvres de foi, son zèle d'apôtre et ses travaux en Océnie, qui font encore l'admiration de la France.

« Dans les derniers temps de son exil sur la terre, Dieu permit qu'il fût accablé de croix de toutes sortes. Jamais, ainsi qu'il arrive aux hommes de Dieu, il ne parut plus grand. Il est mort en saint, dix ans après sa conversion, ayant vécu, en un si court espace de temps, une si longue vie. »

FIN

TABLE

Au lecteur	7
Droz	9
Ducrot	21
Dufaure	26
Dumas (Jean-Baptiste)	31
Dupuytren	36
Falloux (de)	43
Ferronnays (de la)	50
Flandrin	61
Galitzin	71
Garcia Moreno	78
Genoude (de)	87
Geoffroy Saint-Hilaire	95
Hofer	100
Horace Vernet	109
Ingres	116
Jasmin	120
Laboulaye (de)	128
Lamoricière (de)	134
Laplace	144
Leplay	148
Le Roux	160
Leverrier	166
Littré	170
Marceau	179

OUVRAGES DE LA MÊME COLLECTION

FORMAT IN-8° — 3ᵉ SÉRIE

Amies d'enfance, par Mᵐᵉ S. de Lalaing.
Anne de Bretagne, reine de France (histoire d'), par J.-J.-E. Roy.
Arts et métiers (les), ou les Curieux Secrets, par Alexandre Labouche.
Berthe, par Mᵐᵉ Boïeldieu d'Auvigny.
Blanche de Marsilly, épisode de la Révolution, par M. Albert Richard.
Bougainville, par J.-J.-E. Roy.
Cassilda, ou la Princesse maure de Tolède, d'après une légende espagnole, imité de l'allemand par M. l'abbé G. A. L.
Cent Merveilles de la nature (les), par M. de Marlès.
Cent Merveilles des sciences et des arts (les), par M. de Marlès.
Chrétiens et Hommes célèbres au xixᵉ siècle, par M. l'abbé A. Baraud. (Première série.)
Chrétiens et Hommes célèbres au xixᵉ siècle, par M. l'abbé A. Baraud. (Deuxième série.)
Clocher du village (le), par C. Guenot.
Confessions d'un mendiant (les), suivi de : Le Garde-fou, — Les Contes du Trouvère, — Une Parisienne en Limousin, — Le Trésor de Saint-Sébastien, par Jean Grange.
Duguay-Trouin (histoire de), par Frédéric Kœnig.
Du Guesclin (histoire de), d'après Guyard de Berville.
Éducation d'Yvonne (l'). Dix ans. Par Mˡˡᵉ Julie Gouraud, auteur des *Mémoires d'une Poupée*, etc.
Église africaine ancienne et moderne (l'), par Jean de Prats.
Enfants du chevalier (les), récit du temps passé, imité de Paul Hermann, par J. de Rochay.
Exil (un), roman historique, par Jeanne l'Ermite.
Fée de la maison (la), par Marthe Bertin.
Fermière de Kersaint (la), nouvelle villageoise, par E. Delauney.
Fille du notaire (la), par lady Fullerton, traduit de l'anglais par Fitz-Gerald.
Fille du pêcheur (la), par Mᵐᵉ Valentine Vattier.
Grandes journées de la chrétienté (les), première période, par Hervé-Bazin.
Histoire d'une jeune fille pauvre, par Théodore Bahon.
Jean Bart, par Frédéric Kœnig.
Jeanne de Bellemare, ou l'Orpheline de Verneuil, par Stéphanie Ory.
Jeunesse de Michel-Ange (la), par Frédéric Kœnig.
La Tour d'Auvergne, par Frédéric Kœnig.
Laurentia, épisode de l'histoire du Japon au xviᵉ siècle, par lady G. Fullerton ; traduit de l'anglais par W. Fitz-Gerald.
Léonard de Vinci, par Frédéric Kœnig.
Lis rouges (les), par Charles Dubois.
Manuscrit d'une femme aimable (le), par Remy d'Alta-Rocca.
Marchand d'antiquités (le), par E. Delauney.
Marguerite d'Anjou (histoire de), par J.-J.-E. Roy.
Marietta, par W. Herchenbach, traduit avec l'autorisation de l'auteur par Mˡˡᵉ Simons.
Marins célèbres de la France (les), par A. Lemercier.
Meilleure part (la), Scènes de la vie réelle, par Mᵐᵉ Valentine Vattier.
Mes belles années, Tablettes d'une jeune fille, par Théodore Bahon.
Peau-de-Mouton, par Roger Dombre.
Récits du xviiᵉ siècle, Histoires et anecdotes, par Mᵐᵉ Marie-Félicie Testas.
Récits légendaires, par A. des Essarts.
Régisvindis, par Paul Lang, traduite par Louis de Hessem.
Tourville, ou la Marine française sous Louis XIV, par Frédéric Kœnig.
Vacances d'Yvonne (les). Douze ans. Par Mˡˡᵉ Julie Gouraud, auteur des *Mémoires d'une Poupée*, etc.
Ville enchantée (la), voyage au lac Tanganika, par M. Prévost-Duclos.
Voyages et Aventures du capitaine Cook, par Henri Lebrun.
Walter de Lisle, épisode du règne d'Élisabeth ; traduit de l'anglais par W. Fitz-Gerald.

Tours. — Impr. Mame.

www.ingramcontent.com/pod-product-compliance
Lightning Source LLC
Chambersburg PA
CBHW060519090426
42735CB00011B/2287